KB146254

당신의 라이프스타일을 사겠습니다

당신의 라이프스타일을 사겠습니다

자신과 고객 모두가 행복해지는
나만의 라이프스타일 비즈니스를 만드는 법

최태원 지음

한스미디어

라이프스타일 비즈니스,
진정한 나를 아는 것에서 시작해
나로 살아가는 방법

처음으로 〈라이프스타일 비즈니스〉라는 말을 세상에 소개한 지 벌써 5년이라는 시간이 흘렀네요. 당시만 해도 한국에서 이 개념은 생소했습니다. 그때는 부모가, 사회가 강요하는 길을 따라 대기업에 취직하거나 공무원이 되려는 젊은이들이 꽤 많았습니다. 여전히 그런 청년들이 적지 않지만, 얼마 전부터 꿈을 위해 안정된 직장을 그만두고 자기 일을 시작했다는 이야기가 심심치 않게 들려옵니다. 어린 나이부터 인생 키워드를 찾아 자기 일을 시작하는 기특한 젊은이들도 보입니다. 라이프스타일뿐만 아니라 창업이나 부업, 그리고 〈나로 살기〉와 같은 주제를 다룬 책들이 인기를 끄는 것도 같은 이유일 것입니다. 이 책을 써야겠다고 결심한 것도 그 때문이었습니다.

첫 책을 내고 기회가 되어 1년의 절반을 세계 많은 나라와 도시들을 돌며 다양한 라이프스타일 비즈니스를 만날 수 있었습니다. 그리고 라이프스타일 비즈니스에 관심을 가진 많은 기업과 사람들도 만났습니다. 누구나 알 만한 손꼽히는 대기업들도 있었고, 헤어숍이나 레스토랑, 스타트업도 있었습니다. 특히 개인들이 많은 관심을 보였는데, 라이프스타일 비즈니스를 시작하고 싶은 사람, 지금까지 자신이 노력해 온 일이 라이프스타일 비즈니스였다는 것을 깨달은 사람, 자기 일을 진정한 라이프스타일 비즈니스로 전환하고 싶은 사람들이었습니다. 그들은 공통된 질문을 스스로에게 되묻고 있었습니다. "나의 라이프스타일은 무엇인가?", 그리고 그 답을 얻기 위해 "나의 가치관은 무엇인가?"라는 질문으로 수렴하고 있었지요. 강의에서 가장 많이 듣는 질문도 같은 것이었습니다. 그 난해한 질문에 막혀 사람들은 다음으로 나아가지 못했습니다.

라이프스타일 비즈니스는 진정한 나를 아는 것에서 시작해 나로 살아가는 방법입니다. 개인이든, 조직이든 마찬가지지요. 조직에서는 그 조직의 핵심 의사결정자가 〈내〉가 될 뿐입니다. 그런데 "나를 안다"는 추상적이고 철학적이기도 한 이 질문에 무어라 답할 수 있을까요? 간신히 첫 번째 허들을 넘었더라도 "과연 나로 살아갈 수 있을까?", 쉽게 말해 "과연 좋아하는 일을 하면서도 충분한 돈을 벌 수 있을까?"라는 아주 현실적인 두 번째 허들과 맞닥뜨립니다. 이 책은 많은 국내외 사례들과 창업, 그리고 사업 경험을 바탕으로 이 두 가지 질문에 답하기 위해 쓰여졌습니다.

사회가 포스트모더니즘으로 전환되며 다양한 라이프스타일이 등장하는 경제적 변곡점은 대략 1인당 국민소득 3만 달러입니다. 점차 사람들이 삶에서 성공이나 부보다 자기 나름의 행복과 가치를 추구하게 되는 시기지요. 미국, 일본, 덴마크, 스웨덴 등은 1990년대에, 프랑스, 영국, 독일, 이탈리아, 네덜란드 등은 2000년대에 이 선을 넘었습니다. 한국은 2017년 처음 3만 달러를 넘어 코로나 위기에도 불구하고 현재까지 3만 달러 위에서 머물며 한국 사회가 상당히 포스트모더니즘으로 이행한 모습을 보여줍니다.

이 말은 선진국들이 걸어온 길처럼 선진 한국에서도 많은 개성 있는 라이프스타일 비즈니스들이 탄생하고 정착할 것이라는 의미이기도 합니다. 구성원 대부분이 먹고살기에 바쁜 사회에서는 내가 좋아하는 일로 돈을 번다는 것은 허황된 이상일 수 있습니다. 이런 시기에 그저 선진국 사례를 따라 개성 있는 라이프스타일 비즈니스를 시작하는 것은 어리석은 일이었겠지요. 다들 돈 버느라 정신없을 때 놀자고 해봐야 듣는 사람이 없습니다. 하지만 모두 제대로 놀겠다고 하는 사회에서는 노는 것이 비즈니스가 됩니다. 모두가 유행에 따라 똑같은 제품을 사면, 내가 만들고 소개하는 제품은 안 팔립니다. 하지만 사회가 돈 자랑하는 것을 교양 없이 여기고, 친환경 소재의, 디자인 좋은, 개성 있는, 세상 하나뿐인, 가성비 좋은, 실용적인, 정직한, 오래 쓸 수 있는 것 등 자신이 추구하는 가치에 따라 제품을 선택하면 개성이 곧 비즈니스가 됩니다.

어떤 관점으로 보던 이제 한국은 〈라이프스타일〉이라는 상품을 사고파는 사회가 되었습니다. 삶의 다양성을 인정하고, 타인의 개성을 존중하며, 돈만을 좇지 않고, 자기 나름의 레저를 즐기며, 유행과 겉치레보다 진정성과 의미를 살핍니다. 이제 사람들은 당신의 라이프스타일을 기꺼이 살 준비가 되어 있습니다. 문제는 어떤 라이프스타일을, 어떻게 팔 것이냐 하는 것입니다.

당신은 이 책의 각 단계를 거치며 이 질문에 대한 답을 얻게 될 것입니다.

- 라이프스타일 비즈니스가 무엇이지? (1장)
- 내 라이프스타일의 근간이 되는 나의 가치관은 무엇일까? (2장)
- 다른 사람에게 제안할 매력적인 나의 라이프스타일은? (3장)

6

- 이 라이프스타일을 어떻게 상품화하지? (4장)
- 라이프스타일 비즈니스는 어떻게 시작할까? (5장)
- 그리고 어떻게 확장해 나갈 수 있을까? (6장)

노트와 스마트폰, 노트북을 옆에 준비하기 바랍니다. 책을 읽는 동안 무언가 적고, 무언가 찾아보고, 무언가 시도해 보고 싶은 일이 많을 겁니다 (책 속의 @표시는 인스타그램 계정을 나타냅니다). 그리고 책 끝에 도달하면 당신 손에는 〈나 설명서 : 인생 키워드〉와 나의 〈라이프스타일 비즈니스 플랜〉이 들려 있을 것입니다. 어쩌면 책을 다 읽기도 전에 이미 자신만의 라이프스타일 비즈니스를 시작했을지도 모릅니다. 〈린lean 방법론〉을 적용해 최소 비용으로 최대한 빨리 사업을 시도해 볼 것이기 때문입니다. 많은 책과 강의를 들었지만 정작 실행해 본 것이 없는 당신이라면 이 책이 도움이 될 것입니다.

나이와 직업, 가진 것에 상관없이 행복한 인생을 위해 고군분투하는 모든 이에게 이 책이 도움이 되길 바랍니다.
당신의 라이프스타일을 사겠습니다.

- 지은이 최태원

2

나의 인생 키워드 *life keywords*

3

제안할 라이프스타일 설계 *designing*

라이프스타일 비즈니스 플래닝 *planning* 4

라이프스타일 비즈니스 스타팅 *starting* 5

6

라이프스타일 비즈니스 확장 *expansion*

왜 라이프스타일
비즈니스인가?

why lifestyle
business?

—

—

전작 《라이프스타일 비즈니스가 온다》가 출
간된 후 〈가치 소비〉와 〈라이프스타일 비즈
니스〉를 이야기하는 콘텐츠가 부쩍 늘었다.
그리고 전작을 통해 말한 것처럼 우리는 주
위에서 더욱 많은 라이프스타일 비즈니스를
만나게 되었다. 그 이유는 무엇일까? 그리고
이런 변화는 계속될까?
이번 장에서는 이러한 변화를 이해하기 위
해 《라이프스타일 비즈니스가 온다》의 핵심
내용을 살펴보고, 여기에 추가로 〈나로 사
는〉 방법으로서 자신만의 비즈니스를 준비
하는 사람들을 위한 배경 지식을 소개한다.

나로 살기

〈나로 산다〉는 것은 진정한 〈나〉를 발견하고, 자신이 좋아하는 일을 하며 돈을 벌고, 이를 통해 자신이 바라는 바를 이루고, 꿈꾸는 삶에 더 가까워지는 것을 의미한다. 이러한 삶의 형태는 매우 다양하다. 크리에이터로서 창작 생활을 할 수도 있고, 창업해서 직접 사업체를 경영할 수도 있다. 또는 기업이 추구하는 가치가 내가 살면서 추구하려는 가치와 같고 좋아하는 일을 하며 원하는 보수를 얻을 수 있다면, 회사에 소속된 직장인으로도 나로 사는 것이 가능하다.

그 무엇보다 나로 사는 것이 좋은 이유는 그것이 남들이 시키는 삶이나 〈내가 아닌 나〉로 사는 것보다 더 행복하기 때문이다. 만약 지난 1년이 그리 행복하지 않았다면, 그리고 앞으로의 1년도 행복하지 않을 것으로 예상된다면 나는 〈나〉로 살고 있지 않을 가능성이 높다. 만약 불의의 사고로 오늘 죽는다면 나로 살지 못한 내 인생은 참으로 허무할 것이다.

〈나〉는 세상에 오롯이 하나뿐인 존재이다. 생김새만큼이나 남들과 다른 유전자를 가지고 있고, 심지어 유전자가 완전히 똑같은 일란성 쌍둥이조차도 자라면서 서로 다른 가치관과 라이프스타일을 가지고 살아간다. 따라서 나에게는 남들과는 〈다른 무엇something different〉이 반드시 있기 마련이

다. 여기서 남들보다 〈잘하는 무엇something better〉이 아니라, 남들과 〈다른 무엇〉이라는 것에 방점이 있다. 〈나로 살기〉는 우선 〈나〉를 이해하고 남들과 〈다른 무엇〉을 발견하는 것에서부터 시작한다.

예민한 미각 유전자와 많은 요리 경험을 가진 사람이라고 해도 자라온 배경, 학습, 접촉해 온 사람들, 요리 외 경험에 따라 자신의 〈다름〉은 미묘하게 달라진다. 이것이 세상에 하나뿐인 사업 모델을 만들어 낼 수 있는 이유이다. 나라는 존재는 유일하다. 희소한 것은 늘 가치가 있다.

이탈리아 한식당집에서 자란 한국 청년은 어른이 된 후 동서양 문화가 만나는 홍콩에서 한식과 이탈리아 퓨전 요리를 선보인다(합(合) MOYO). 요리, 이탈리아, 퓨전, 홍콩이라는 공통된 키워드를 가졌지만 1년의 절반을 세계 여행하며 보내는 이탈리아 출신 셰프이자, 여행사 창업자이자, 사진작가는 여행지에서 만난 독특한 요리를 홍콩의 자기 레스토랑에서 자기 방식으로 해석해 선보인다(쿠오레 프라이빗 키친). 과연 누가 이들과 똑같은 것을 만들어낼 수 있을까?

당신의 라이프 스타일을
사겠습니다

◀ 합 모요(合 MOYO)가 위치한 홍콩의 올드타운 센트럴의 애버딘 거리(Aberdeen street)에는 개성 있는 상점과 식당들이 급경사에 블록처럼 쌓여 있다.

▼ 쿠오레 프라이빗 키친은 홍콩 웡척항(Wong Chuk Hang) 지구에 위치하고 있는데, 이곳은 서울의 성수동 이나 문래동처럼 과거 공업 지대가 조금씩 예술과 문화 지역으로 탈바꿈하고 있는 힙(hip)한 지역이다.

〈다른 무엇〉을 발견했다면, 거기서 나와 다른 누군가의 삶을 잠시라도 행복하게 만들어 줄 한 순간을 뽑아내야 한다. 충분한 수의 사람들을 그 매력 안으로 끌어들일 수 없다면, 그래서 나 홀로 즐기고 마는 것이라면 그것은 〈나로 살기〉의 필요조건을 충족하지 못한다. 나로 사는 것은 내가 만족하는 경제적인 수입을 창출할 수 있어야 한다. 좋아하는 일만 하며 살 수는 없다고? 좋아하는 일이 직업이 되면 좋아하지 않게 된다고? 아니다. 그건 좋아하는 일로부터 충분한 수입을 벌지 못했을 때 대는 핑계일 뿐이다. 충분한 수입을 얻게 되면 좋아하는 일을 더 좋아하게 된다.

"난 늘 이런 삶을 꿈꾸어 왔어요. 이런 삶은 어떤가요?"라고 제안하고 상대가 "그래, 이게 바로 내가 꿈꾸던 삶이야" 또는 "이렇게 살고 싶어"라고 동의하는 곳에 라이프스타일 비즈니스가 성립하고 비로소 〈나로 살기〉가 완성된다. 그리고 〈나로 살기〉를 비즈니스 모델로 전환한 것이 〈라이프스타일 비즈니스〉이다. 라이프스타일 비즈니스는 자신이 꿈꾸는 삶의 모습 전체 또는 일부를 다른 사람들에게 제안한다. 자신이 꿈에 그리던 삶의 순간을 현실에 구현해 내고, 그 순간을 다른 사람과 함께 경험한다.

라이프스타일 비즈니스는 〈나로 살며, 나를 파는 비즈니스〉다. 여기에는 남들이 강요하는 속도가 아닌 자기만의 삶의 속도가 담겨 있고 자기 성격, 재능, 경험, 가치관, 이상, 사명이 자연스럽게 녹아든다. 이를 통해 다른 사람들에게도 새로운 행복을 선물하고, 그로부터 만족할 정도의 돈을 번다. 그러니 어찌 행복하지 않을 수 있을까?

이 책에 등장하는 수많은 사람들은 남들과 〈다른 무엇〉을 발견하고, 이것을 자신만의 매력적인 〈라이프스타일 비즈니스〉로 만들어 자신과 고객

모두가 행복해지는 순간을 만든 행복 장인들이다. 아직 늦지 않았다. 그리

어렵지도 않은 일이다. 지금이라도 〈나로 사는 삶〉으로 인생 궤도를 살짝

조정해 보자.

라이프스타일을 팔아라

〈라이프스타일 비즈니스〉는 제품이나 서비스가 아닌, 매력적인 라이프스타일을 제안하고 행복한 순간과 삶의 상징을 파는 사업 모델이다. 겉으로 보이는 사업 형태는 카페일 수도, 서점이나 출판사, 또는 갤러리나 편집숍일 수도 있다. 유튜브 채널이거나 모바일 앱 서비스 혹은 온라인 쇼핑몰일 수도 있다. 실제 물건을 팔기도 하고, 콘텐츠와 서비스를 제공하기도 한다. 라이프스타일 비즈니스는 상상할 수 있는 모든 사업 형태로 나타날 수 있다. 따라서 겉모습만으로는 그것이 라이프스타일 비즈니스인지 아닌지 여부를 확인할 수 없다.

그 이유는 라이프스타일 비즈니스를 구분 짓는 근본 요인이 〈무엇〉이 아닌 〈왜〉에 있기 때문이다. 우리는 사업이나 창업을 한다고 하면 〈무엇〉에 집중한다. 그 〈무엇〉의 기능과 성능, 품질과 가격을 논한다. 그 〈무엇〉이 지닌 요소들을 경쟁자와 비교하고, 더 나은 것을 제공하기 위해 고민한다. 카페를 열려는 사람이 커피 빈과 에스프레소 머신에 관심을 두는 것은 당연해 보인다. 하지만 〈무엇〉으로 경쟁하는 세상은 피의 전장, 레드 오션이다. 서로 자신의 〈무엇〉이 더 낫다고 주장하며 고객의 선택을 받기 위해 가격을 내린다.

하지만 라이프스타일 비즈니스는 〈왜〉 그것을 팔려고 하는지에 더 관심을 기울인다. 팔려는 대상이 그 〈왜〉를 지지하면 무엇이든 팔 수 있는 것이 된다. 하지만 아무리 싸고 좋은 무엇이라도 그것이 〈왜〉에 반한다면 그것은 팔 수 없는, 팔아서는 안 되는 무엇이 된다. 라이프스타일 비즈니스에서 커피(무엇)를 판매하는 이유(왜)는 〈나의 다름〉에 따라 달라진다. 커피가 좋아서 커피를 공부하고 수없이 커피를 내려보고 맛본 경험으로 카페를 차린다면, 그것은 커피가 〈무엇〉이며 동시에 〈왜〉인, 분명한 라이프스타일 비즈니스이다. 또는 자신이 꿈꾸는 공간을 만들고 싶어서 카페를 설계하는 것도 라이프스타일 비즈니스가 된다. 꽃에 진심인 사람이 꽃을 판매하는 전시관으로서 플라워 카페를 설계한다면 그 역시 라이프스타일 비즈니스다. 모두 카페라는 같은 사업 형태, 커피라는 같은 판매 대상을 가졌지만, 그 안에 담긴 〈왜〉는 서로 다르다. 진정한 라이프스타일 비즈니스는 유행하는, 잘 팔릴 만한 〈무엇〉이 아니라 〈나의 다름〉, 〈나의 라이프스타일〉, 〈나만의 왜〉를 팔기 때문이다.

미니멀 라이프스타일 비즈니스는 그저 심플한 디자인의 물건들을 모아 파는 사업이 아니라 〈단순함〉이라는 가치를 제안하고, 〈단순하고 간결한 삶〉이라는 라이프스타일을 판다. 깔끔하고 여백 있는 삶을 경험하는 데서 느끼는 행복감을 선사한다. 심플한 디자인의 쓸모없는 잡동사니는 그것이 아무리 단순미를 가져도 〈단순한 라이프스타일〉과 상반되므로 미니멀 라이프스타일 비즈니스의 판매 대상이 되지 못한다. 하지만 정리정돈 관련 책, 청소 대행 서비스, 중고 거래, 소유할 필요를 없애는 구독 서비스는 이런 라이프스타일을 지원하는 좋은 판매 대상이 될 수 있다.

어떤 가수는 충분한 돈을 벌고 나면 노래하기를 중단하고 벌어 놓은 돈을 소비하며 사는 삶을 선택한다. 그 사람에게 〈음악〉은 그저 돈벌이 수단이었을 뿐, 〈나〉의 일부가 아니었다. 그 사람의 꿈꾸던 삶의 모습 속에는 경제적으로 여유 있는 소비 생활이 있었을 뿐, 음악은 없던 것이다. 이때 〈음악〉은 그 사람의 라이프스타일 비즈니스가 될 수 없다. 돈이 떨어지거나 삶이 지루해지면 다시 음악을 찾아 기웃거릴지도 모른다.

반면에 50대 중반을 넘기고도 꾸준히 작곡하고, 노래하며, 후배 가수를 양성하고, 쉬지 않고 크고 작은 공연을 통해 팬과 소통하는 뮤지션도 있다. 그가 꿈꾸는 인생에서 〈음악〉은 아주 중요한 키워드이자 그의 라이프스타일 비즈니스이다. 그와 수십 년을 함께 늙어온 열성적인 팬들은 그가 벌이는 일이라면 무엇이든 기꺼이 참여한다. 팬들이 꿈꾸는 삶에는 매년 한두 번쯤 그의 콘서트에 가서 다른 팬들과 함께 신나게 떼창하고 몸을 흔드는 장면이 포함되어 있을 것이다. 팬들은 수십만 원짜리 콘서트 티켓을 몇 분 만에 매진시키고, 지방에서는 팬들끼리 버스를 대절해 콘서트에 참석한다. 그 뮤지션의 콘서트에 처음 오는 고객들이 함께 즐길 수 있도록 응원 도구를 제작해 무료로 나눠주기도 한다. 처음 온 고객은 또 새로운 팬이 된다.

그렇게 라이프스타일 비즈니스는 고객들과 행복한 삶의 순간을 공유한다. 그 뮤지션은 자신의 라이프스타일을 팔고, 팬들은 그것을 자기 라이프스타일의 일부로 받아들인다. 라이프스타일 비즈니스에는 주인장의 철학과 개성, 즉 〈왜〉가 담겨 있다. 제안되는 라이프스타일은 유행이나 이익을 좇아 그때그때 만들어 낸 것이 아니다. 그것은 그가 늘 꿈꾸어 온 행복한 삶의 일부, 그의 라이프스타일인 것이다.

세상에 그 뮤지션과 똑같은 성격, 재능, 가치관, 경험을 가진 사람은 없다. 하지만 그가 제안하는 매력적인 라이프스타일로부터 행복을 경험하는 사람들은 있다. 그리고 세상이 변하며 이런 사람들이 점차 늘어나고 있다.

라이프스타일 비즈니스는 우리가 살아가는 세상이 〈포스트모더니즘〉으로 바뀌는 것에 커다란 득을 보고 있다. 라이프스타일 비즈니스의 전망이 밝은 이유이다.

라이프스타일이란

"라이프스타일이란 무엇인가?"라는 질문에 답하기란 쉽지 않다. 라이프스타일이라는 단어를 가치관이나 취향으로 바꾸어도 답하기 쉽지 않기는 마찬가지다. 선호하는 패션 스타일이나 인테리어, 음식 등 한두 가지 범주로 생각하기도 하고, 반대로 너무 많은 것들이 떠올라 뭐라고 단정할 수 없기도 하다.

누구나 꿈꾸는 삶의 모습이 있다. 그것이 매우 뚜렷하여 사명 선언문처럼 글로 적어 두었거나 매일 기도나 명상, 일기로 되새기는 사람이 있는가 하면, 막연하게 드라마나 소설 속 주인공의 삶이나 소셜 미디어에서 보는 유명인의 삶을 동경하기도 한다.

이런 상상에는 삶의 여러 가지 면이 담겨 있다. 어디서 살고 싶다. 어떤 일을 하고 싶다. 돈을 얼마나 벌고 싶다. 어떤 사람과 함께 살고 싶다. 어떤 취미를 갖고 싶다. 어디로 여행하고 싶다. 휴일은 무얼 하며 보내고 싶다. 행복한 가정을 꾸리고 싶다. 반려동물을 키우고 싶다. 어떤 집에서 살고 싶다. 집은 어떻게 꾸미고 싶다. 다른 사람들에게 어떤 사람으로 기억되고 싶다. 이러면 정말 행복할 것 같다….

이러한 이상적인 삶에 대한 동경이 강할수록 그것은 인생 목표가 되고 사명이 되어, 우리는 의식적으로 또는 무의식적으로 그런 삶에 가까워지려는 생각과 행동을 반복한다. 한 사람에게서 나타나는 이러한 일관된 생각과 행동을 〈가치관〉이라 하고, 이런 가치관이 특히 돈과 시간을 소비하는 행위로 표현되는 것이 〈라이프스타일〉이다. 세계의 3대 심리학 거장, 알프레드 아들러Alfred Adler는 심리 상담을 하면서 어떤 사람을 이해하려면 그가 어떤 삶을 원하는지 알아야 하고, 그것은 그 사람의 생각과 행동의 반복적인 패턴, 즉 삶의 스타일style of life로 나타난다고 해서, 라이프스타일 개념을 처음으로 정립했다.

따라서 진정한 라이프스타일은 유행에 따라 일시적으로 나타나는 취향, 취미, 선호와는 다르다. 병원 치료처럼 피치 못할 필요에 의한 돈과 시간의 소비도 라이프스타일이라 할 수 없다. 하지만 충동적으로 보이는 행동이나 소비는 진정한 라이프스타일일 수도 있다. 왜냐하면 현실 제약으로 인해 표현되지 못했던 꿈꾸는 삶에 대한 욕구가 갑작스레 표출된 것일 수 있기 때문이다. 럭셔리한 삶을 목표로 하는 사람이 경제적 출혈을 감수하고도 명품을 사는 것은 라이프스타일이다. 하지만 꿈꾸는 삶의 모습에는 명품이 없지만 모방 심리 때문에, 또는 유행에 뒤처지지 않기 위해 명품을 사는 것은 라이프스타일이 아니다.

언젠가 시골로 내려가 단층집을 짓고 텃밭을 가꾸며 유유자적한 삶을 꿈꾸는 사람이 있다고 하자. 그는 시간이 나면 소셜 미디어에서 귀농하여 사는 사람들의 삶을 관찰한다. 시골 부동산을 수시로 찾아보고 답사를 가기도 한다. 건축에 대해서도 관심을 갖고 공부한다. 일정한 소득을 창출하는 자산을 만들기 위해 현재 희생을 감수한다. 시골집에 어울리지 않을 고급 가구나 명품은 그에게 중요한 소비 대상이 아니다. 아마도 그는 도심 속

화려한 카페보다 자연 속에 위치한 소박한 카페를 더 좋아할지 모른다. 그리고 소박함이나 자연식, 환경이라는 가치를 다른 가치보다 더 중요하게 여길 것이다. 자신의 선택과 행동에는 자신이 꿈꾸는 삶이 투영된다.

라이프스타일이 꿈꾸는 삶으로부터 시작되며 가치관을 반영한다는 것을 이해하는 것은 라이프스타일 비즈니스 설계에 매우 중요하다. 꿈꾸는 삶의 모습은 현재의 소득 수준, 나이, 성별, 인종으로 나뉘는 것이 아니다. 서울의 남학생과 런던의 할머니가 같은 삶을 꿈꿀 수 있고, 그러면 그들은 비슷한 라이프스타일을 가진다. 그들이 여유 시간과 여윳돈을 소비하는 패턴은 매우 유사해진다.

라이프스타일이 주로 여유 시간과 여윳돈을 소비하는 데에서 나타나는 이유는 그때가 자신의 진정한 선호를 드러내기 때문이다. 지금 하는 일과 직장이 맘에 들지 않지만 경제적 이유 때문에 아침에 억지로 일어나 출근하고 하루의 대부분을 회사에서 보낸다면 이 시간은 진정한 라이프스타일의 표현이라 보기 어렵다. 월세와 세금을 때에 맞춰 내는 것 역시 강제되는 소비이기 때문에 라이프스타일이 아니다.

당신에게 한 달의 자유 시간과 이 기간 내에 다 써야 하는 1,000만 원의 공돈이 생겼다고 하자. 당신은 누구와 무엇을 하고 싶은가? 어디 가서 무엇을 사고 싶은가? 이때 당신 머릿속에서 떠오르는 삶의 모습이 바로 당신이 이상적으로 생각하는 삶이고, 당신의 라이프스타일일 가능성이 높다. 어떤 사람은 제주도 바닷가 집을 한 달간 임대해 그동안 읽고 싶었던 책들을 원 없이 읽겠다고 상상할 수 있다. 만약 이 사람에게 하루의 자유 시간과 5만 원의 여윳돈이 생겼다면, 그 사람은 서점에 가서 읽고 싶었던 책을 한 권 사서 바다가 보이는 가까운 카페를 찾아가 책을 읽으며 시간을 보낼

산호세 사라토가(Saratoga)에서 열린 독특한 자동차 축제.
애니메이션 영화에나 나올 법한 오래된 모델의 차를 보유한 자동차광들이 전국에서 모여든다. 50년 이상 된 차들도 모두 실제 주행이 가능하다. 핸들과 계기판도 옛 모습 그대로이다. 차 주인이 차와 차량 정비에 대한 조예가 깊지 않다면 불가능한 일이다. 이런 축제에서 자기 차를 자랑하기도 하고, 제값을 받고 팔기도 한다.

▲1933연식 포드(Ford)

▶ 1970연식 쉐벨(Chevelle)이
5만 5,000달러(약 7,000만 원)에 매물로 나왔다.

것이다. 이때 책, 서점, 카페, 커피, 바다, 이동수단, 숙박시설 같은 것들이 이런 라이프스타일을 구성하는 요소가 된다.

돈이 행복을 보장하지 않는다

여유 시간과 여윳돈이 없다면 꿈꾸는 삶이 있더라도 라이프스타일로 표현될 수 있는 기회가 없다. 산업혁명 시기에 서유럽에서는 아이들조차 공장에 나가 10시간씩 일해야 했다. 불과 몇 세대만 위로 올라가도 근로자에게 레저라는 개념이 없었다. 자신이 하고 싶은 일이 아니라도 참고 근속해야 했고, 야근과 주말 근무도 당연시되었다. 수입의 대부분은 생계에 필수적인 것들에 지출되었다. 대출 이자와 저축도 지출에서 꽤 많은 비중을 차지했다. 해외여행은 몇 년 동안 돈을 모아 큰맘 먹고 가야 하는 인생 이벤트였다. 제품과 서비스는 추구하는 가치보다 가성비가 좋은 것이 선호되었고, 과시형 소비와 유행에 따른 모방 소비가 주를 이루었다.

이런 환경 속에서 사람들은 대체로 비슷한 사고 방식과 관점을 가지고 살았는데, 이때를 〈모더니즘modernism〉 시대라고 한다. 이 시기의 사람들은 과학과 기술이 일으키는 기적을 목격했다. 사람이 달 위를 걸었고, 원자 폭탄이 전쟁을 끝냈다. 거대한 비행기가 하늘을 날았고, 집집마다 차가 생겼다. 사람들은 이성과 논리로 무장했고, 효율과 측정이 중시되었다. 이런 가치관이 경제, 사회, 문화 전반으로 퍼졌다. 대다수 사람들이 꿈꾸는 삶은 성공한 부자의 삶이었고, 돈이 가장 중요한 가치였다. 돈 되는 것은 좋은 것, 돈이 되지 않는 것은 나쁜 것이었다.

　이런 기조 위에서 사람들은 비슷한 삶을 꿈꾸었고, 따라서 가치관과 라이프스타일은 대체로 비슷했다. 여유 시간과 여윳돈이 적어 라이프스타일이 표현될 기회가 적었지만, 이런 기회가 생기면 모두가 비슷한 소비 패턴을 보였다. 자신도 한 번쯤은 부자들의 럭셔리 라이프스타일을 따라 경험해 보는 것이었다. 명품을 사거나, 해외여행을 가면서 부를 과시하는 라이프스타일이 주를 차지했다.

　모더니즘은 인류의 삶의 질을 크게 향상시켰다. 선진국을 중심으로 평균 소득이 늘면서 절대적인 부가 증가했다. 많은 사람들이 중산층이 되어, 바라던 경제적 목표에 도달했다. 그런데 생각만큼 행복하지 않았다. 소득은 늘었지만 계속 전쟁터 같은 직장에서 하루 10시간 이상을 일해야 했고, 여윳돈은 남들에게 뒤처져 보이지 않게 하는 것들에 소비되었다. 더 넓은 집으로 이사하고, 더 좋은 차로 바꾸면서 대출은 늘었다. 가족 관계는 이해득실을 따지는 비즈니스적인 관계로 변질되었고, 우정이나 사랑은 사라지고 이해관계만 남았다.

　1인당 소득이 오른 선진국부터 사회 구성원 대다수가 의문을 품기 시작했다. '왜 행복하지 않지?'

　일부는 아직 돈이 부족하기 때문에 덜 행복하다고 생각했다. 그리고 더 많은 돈을 벌기 위해 노력했다. 하지만 돈을 더 벌어도 그다지 행복해지지 않았다. 사람들은 그제야 소득이 생계를 위협하는 수준을 넘어서면 더 이상 돈이 인생의 행복에 영향을 주지 못한다는 것을 깨달았다. 이것은 다양한 연구 결과들이 지지하고 있는데, 국가 간 인당 소득과 행복도를 비교한 자료를 보면 한국, 스페인, 이탈리아 정도의 인당 소득을 넘어선 국가들의 행복이 크게 증가하지 않는 것을 알 수 있다.

또 자본주의가 해를 거듭할수록 빈부 격차, 특히 자산 격차가 크게 벌어졌다. 자본주의 초기, 갑부를 꿈꾸던 사람들은 모두가 갑부가 될 수 없음을 자각했다. 따라서 갑부가 되려고 자신과 주변 사람들을 희생하며 고통받기보다 중산층으로 만족하며 사는 삶을 대안으로 생각하기 시작했다.

1인당 국민소득과 인생 만족도의 국가 분포

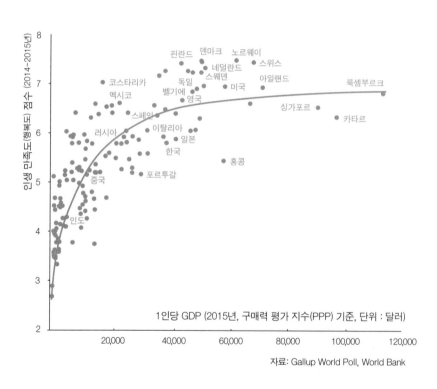

자료: Gallup World Poll, World Bank

당신의 라이프 스타일을
사겠습니다

어부 이야기

한 성공한 사업가가 어촌 항구에서 작은 배로 물고기 몇 마리를 잡아 들어오는 젊은 어부에게 말을 걸었다.

"그 정도 잡는 데 얼마나 걸립니까?"

"한 시간이면 우리 가족이 하루 먹을 양을 족히 잡지요." 어부가 웃으며 대답했다.

"그럼 나머지 시간에는 무얼 합니까?" 사업가가 다시 물었다.

"집에 가서 아이들과 놀아주고, 낮잠 좀 자다가 저녁이 되면 친구들과 술을 마시며 놉니다. 석양을 보며 노래하고 춤출 때도 있지요."

어부가 행복해하며 대답했다. 그러자 사업가는 어부에게 이런 제안을 했다.

"난 성공한 사업가입니다. 내가 당신 사업을 키워 줄게요. 우선 하루 10시간은 물고기를 잡아 시장에 파세요. 그리고 돈이 모이면 배를 하나 더 사고, 어부도 고용하세요."

"그다음에는요?" 어부가 물었다.

"배가 늘어나 고기 생산량이 늘면 공장을 짓고 가공식품을 만들어 더 비싸게 팔 수 있습니다." 사업가가 자신만만하게 답했다.

"그런 다음은요?"

"옆 마을로도 사업을 확장할 수 있을 겁니다. 그리고 적당한 때에 법인을 설립해 주식을 상장하면 투자를 크게 받을 수 있어요."

"그다음은요?"

"지점을 늘리고 사업을 더 크게 확장하는 겁니다. 당신은 엄청난 부자가 될 거예요. 은퇴하면 왕처럼 사는 거죠."

"어떻게요?"

"고향으로 돌아와 아침에 낚시 좀 하고 낮잠도 실컷 자고요. 저녁에는 고향 친구들을 불러 술 마시고 신나게 노는 거죠. 지는 해를 보며 노래하고 춤도 추고요."

어부는 황당한 표정으로 말했다.

"이봐요, 사업가 양반. 내가 지금 그렇게 살고 있다고요."

포스트모더니즘 postmodernism

개인 차원에서 안전하게 먹고, 마시고, 자는 최소한의 생존 욕구가 충족되지 않고는 자아실현과 같은 고차원적인 욕구로 나아가기 어렵다. 현대 사회에서 이것은 경제적 소득 수준과 밀접하게 연관되어 있다. 국가나 사회 구성원 전체의 소득 수준이 상승하면 개인 차원의 욕구 변화가 사회 전반이 중요시하는 가치 변화로 확대된다. 이것은 사고방식의 변화, 삶에 대한 관점의 변화를 가져온다.

소득이 일정 수준을 넘어선 국가의 사람들은 모더니즘과는 다른 사고방식을 점차 받아들이기 시작했다. 삶에서 돈보다 행복에 초점을 맞추게 된 것이다. 모더니즘 시대에 기업은 근로자에게 희생을 강요했다. 근로자의 생산성을 측정해 감시하고, 효율이 없는 사람은 해고했다. 근로자들도 돈을 벌려면 그런 희생쯤은 당연하다고 생각했다. 하지만 점차 많은 사람들이 돈보다 행복을 중요하게 생각하면서 세상이 바뀌기 시작했다. 모더니즘에 반대하여 그다음으로 나타난 사조를 〈포스트모더니즘〉이라 한다.

돈과 효율이라는 가치는 명백하다. 그것들은 측정 가능하다. 100만 원보다 1억 원이 좋고, 90% 효율보다 91% 효율이 더 낫다. 하지만 행복이라는 가치는 어떠한가? 어떤 행복이 더 좋은가? 당신과 나의 행복을 측정해 비교할 수 있을까? 행복의 정의는 매우 주관적이다. 각자 행복한 삶에 대한 기준과 조건이 다르다. 이것은 각자 꿈꾸는 삶의 모습이 달라졌다는 것을 뜻한다. 이상적인 삶의 모습이 다양해지면 그에 따라 나타나는 라이프스타일도 다양해진다.

사회나 집단이 얼마나 포스트모더니즘으로 전환되었는지 알 수 있는 바로미터가 있다. 바로 성 소수자들이 얼마나 편하게 자신의 정체성을 밝힐 수 있느냐는 것이다. 사회적 통념이나 생물학적 성에서 벗어나 남들과 다른 성 정체성을 선택하는 것도 행복한 삶을 추구하는 하나의 라이프스타일이다. 그런 선택의 자유와 라이프스타일을 인정하고, 심지어 제도와 법으로 지원하는 사회가 더 포스트모더니즘화되었다고 볼 수 있다.

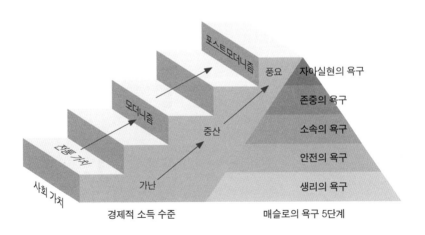

어느 도시에서 가장 힙한 곳이 어디인지 알려면 성 소수자들이 모이는 곳을 찾으면 된다.
그런 곳이 서울에서는 이태원이고, 동성애자가 가장 많다는 샌프란시스코에서는 캐스트로(Castro)
거리이다.
이곳에서는 어디서나 성 소수자의 상징인 무지개색을 볼 수 있다.

독특한 성적 취향마저도 존중될 수 있는 곳이라면
독특한 패션, 예술, 음식, 음악 취향도 자유롭게 펼칠 수 있다.
때문에 이런 곳에서 먼저 힙한 라이프스타일과 문화가 생겨나고 다른 곳으로 전파된다.

우리나라도 몇 세대 전에 비하면 성 소수자에 대한 인식이 크게 바뀌었다. 과거에는 성 소수자를 마치 사회 부적응자나 정신병자처럼 인식했다. 하지만 지금은 성 소수자임을 밝힌 연예인들이 방송에서 활동해도 전혀 문제 삼지 않는다. 그렇다고 성 소수자가 완전히 하나의 라이프스타일로 받아들여지지는 않은 것 같다. 아직은 취업하거나 초면에 인사할 때 자신의 성 정체성을 떳떳이 밝히기는 어려운 분위기이다. 유럽이나 미국처럼 성 소수자를 위한 무지개 거리나 축제가 공공연히 존재하지도 않는다. 한국은 여전히 포스트모더니즘으로 이행하는 과정에 있고, 그것이 선진국에서 이미 자리 잡은 라이프스타일 비즈니스들이 앞으로 한국에서 성장 가능성을 가진 이유이다.

포스트모더니즘 사회에서 중요시되는 가치는 행복, 자유, 개성, 진정성이다. 이런 가치의 반대편에는 이익, 효율, 조화, 통일이 있다. 당신은 어떤 가치를 더 중요시하는가? 라이프스타일 비즈니스를 이해하려면 우선 포스트모더니즘의 가치들을 진심으로 이해하고 수용할 필요가 있다. 왜냐하면 더 많은 사람들이 그러한 가치를 받아들이고, 비즈니스도 그런 가치를 수용할 것을 요구하기 때문이다. 다른 소수들의 개성 있는 라이프스타일에 관대할 수 없다면, 어떻게 자신이 제안하려는 독특한 라이프스타일을 다른 사람들이 받아주리라 기대할 수 있겠는가?

모더니즘이 그러했듯 포스트모더니즘 역시 사고방식과 관점의 변화이기 때문에 우리의 정치, 경제, 사회, 문화, 예술 등 모든 분야에 영향을 미치고 있다. 대표적인 포스트모더니즘 예술가로 뱅크시Banksy를 들 수 있다.

뱅크시라는 이름은 가명으로, 아직 그의 본명도, 얼굴도, 국적도 정확

당신의 라이프 스타일을
사겠습니다

런던에서 가장 가난했던 동네, 쇼디치(Shoreditch)는 가난한 예술가들이 모여들면서 가장 힙한 장소로 탈바꿈한 곳이다. 골목마다 개성 있는 그래피티 아트(graffiti art)를 만날 수 있고, 뱅크시의 작품들도 마주치게 된다. 사진은 쇼디치의 한 인쇄소 벽에 그려진 뱅크시의 「소녀와 풍선」.

하게 알려진 바가 없다. 뱅크시는 모더니즘을 비판하는 벽화로 유명해졌다. 하지만 그의 작품 주제가 포스트모더니즘 화가라는 명성의 전부는 아니다. 그는 아무에게도 알리지 않고 자신이 그리고 싶은 벽에 그림을 그려 놓고 사라진다. 그리고 그의 그림임을 나중에 사람들이 알아보면 그 집의 가치는 몇 배로 치솟는다. 뱅크시는 그 집주인에게 어떤 대가도 받지 않는다. 그는 늘 하던 대로 낙서를 했을 뿐이다.

2018년 10월, 그의 작품 「소녀와 풍선girl with balloon」이 경매에 부쳐졌다. 이 그림은 그가 런던 시내 여기저기에 그렸던 벽화를 종이에 스프레이로 그린 작품이다. 그런데 그림이 15억 원에 낙찰되는 순간, 액자에 몰래 설치되어 있던 파쇄기가 작동하면서 그림이 잘리기 시작했다. 아래쪽 소녀 부분은 국수처럼 잘렸고, 위쪽 하트 모양의 풍선 부분만이 남았다. 액자 속

파쇄기는 뱅크시가 미리 설치해 둔 것으로, 이런 이벤트를 작가가 미리 계획했다가 낙찰 때에 맞춰 실행한 것이다. 뱅크시는 이 이벤트를 통해 무슨 이야기를 하고 싶었던 것일까? 예술을 투자 상품처럼 사고파는 사람들에게 경고하고 싶었던 것일까? 아니면 결국 모든 사랑은 갈기갈기 찢겨질 운명이라고 말하고 싶었을까?

뱅크시의 「쓰레기통 속 사랑(love is in the bin)」

당신의 라이프 스타일을
사겠습니다

정답은 없다. 포스트모더니즘은 모든 문제에 정답은 하나가 아니라고 말한다. 이 이벤트를 바라보는 관점에 따라 사람들은 각기 다르게 해석하고 다른 가치를 부여할 것이다. 당시 낙찰자인 유럽 여성은 그림을 낙찰받을지 고민하다가 결국 낙찰을 결정했다고 한다. 과연 그녀의 결정은 옳았을까? 이 이벤트 3년 후인 2021년 10월, 이 그림은 「쓰레기통 속의 사랑love is in the bin」이라는 이름으로 경매에 다시 나왔고, 20배가 오른 300억 원에 팔렸다. 그림의 나머지마저 잘리는 이벤트는 없었다.

포스트모더니즘 영향은 비즈니스 분야에도 예외일 수 없다. 라이프스타일 비즈니스는 포스트모더니즘이라는 거대한 사상적 흐름에 기대고 있다. 그래서 그 속에 나의 〈개성〉을 담고, 궁극적으로 나의 〈행복〉을 지향하며, 나의 〈자유〉로운 선택을 가능케 하고, 따라서 자연스럽게 〈진정성〉이 묻어난다. 그럴 가치가 없다면 무작정 이익과 효율을 우선하지 않는다. 행복할 수 없다면 안정된 직장이라도 퇴사한다. 개성을 담을 수 없는 획일화된 대기업 프랜차이즈를 거부한다. 꿈꾸는 삶의 모습이 다양해지고, 추구하는 라이프스타일이 세분화되면서 소품목 대량 생산 체계는 힘을 잃는다. 다품종 소량 생산이나 개인 생산, 맞춤 제작 같은 말들이 더 자주 회자되는 이유이다.

라이프스타일 비즈니스만의 특징

큐레이션curation 서비스이다

포스트모더니즘을 사는 우리의 라이프스타일은 세분화되고 있다. 가장 큰 변화는 더 이상 대중을 따라 유행하는 제품을 사지 않는다는 점이다. 이제 자신의 가치관과 개성, 라이프스타일을 대변하는 것에 돈과 시간을 쓴다. 이것을 〈가치 소비〉라 한다. 그저 비싼 것을 사서 자랑하는 것은 저렴한 행위가 되었고, 남들은 모르더라도 자신이 그 가치를 인정하는 브랜드와 제품을 찾아 소비하는 것이 더 뿌듯한 일이 되었다.

하지만 우리는 제품의 홍수 속에 살고 있고, 국제 물류와 전자 금융으로 국가 간 장벽이 제거되고, 여기에 개인 제조까지 더해져 선택지는 거의 무한대가 되고 있다. 여기에서 가치 소비를 원하는 소비자는 선택의 딜레마를 겪는다. 세상 어딘가에는 나의 라이프스타일에 알맞은 제품이 있겠지만, 그것을 찾기 위해 들이는 시간과 노력이 지나치게 커지면 들이는 비용이 제품의 가치를 넘어서게 된다. 따라서 미래 소비자는 자신을 잘 이해하는 누군가가 이런 노력을 대신해 주기를 바란다.

과잉이 있는 곳에는 반드시 큐레이션 서비스가 등장해 가치를 제공한다. 고객이 모든 제품을 써 보거나, 모든 식당에 가 보거나, 모든 콘텐츠를 볼 수는 없다. 화장품, 장난감, 전자기기, 옷, 식당과 음식, 책, 영화, 부동산, 금융상품 등 각종 리뷰 유튜버 채널들은 어떤 한 분야를 자신의 안목과 전문성이라는 필터로 걸러 고객에게 제공하는 일종의 큐레이션 서비스이다. 이 역시 라이프스타일 비즈니스라고 할 수 있다.

갤러리의 큐레이터들은 고객의 취향과 조건을 이해하고 전 세계의 수많은 작가와 작품 중 그에 맞는 작품을 골라 고객에게 소개한다. 큐레이션 능력은 두 가지 핵심 역량에 근거한다. 하나는 고객을 이해하는 능력이고, 다른 하나는 작품을 골라내는 안목이다. 이 두 가지가 조합되지 않으면 큐레이션 결과는 만족스러울 수 없다. 고객에 대한 이해력은 자신이 고객과 같은 처지일 때 최대가 된다. 전문성과 안목은 한 분야에 많은 관심과 시간을 들였을 때 자연스럽게 따라온다. 그림, 와인, 커피, 식물, 조명, 향기 등 전문 큐레이터들은 고객이 원하는 감성과 오감의 미묘한 차이를 기가 막히게 잡아낸다.

라이프스타일 비즈니스는 자신이 꿈꾸고 좋아하는 것들을 자신과 비슷한 사람들에게 큐레이션한다. 특정 분야 큐레이션과 달리 라이프스타일 비즈니스의 큐레이션 대상은 오감을 자극하는 그 무엇이든 될 수 있다. 제품, 서비스, 콘텐츠 등 그것이 제안하는 라이프스타일을 구성한다면 제약은 없다. 이것이 츠타야Tsutaya 서점이 책이라는 콘텐츠를 매개로, 연관된 다양한 제품들을 함께 라이프스타일로 제안하는 방식이다. 이 일은 컨시어지concierge라고 불리는 큐레이터가 담당한다.

츠타야 긴자의 라이프스타일 제안 엿보기
〈차(Tea) 라이프스타일〉

엄선된 홍차 수첩
《홍차를 알다》.
홍차는 와인과 같아서
알수록 더 맛있다.
인도, 스리랑카, 네팔,
일본의 싱글 에스테이트 인기!

《일본 차 도감》.
전국 일본 차 118종과
일본 차를 즐기기 위한
기초 지식
(일본 차가 118종이나?)

《첫 대만 차》.
이제 스트레스는
대만 청차와 함께
집에서 느긋하게 해소!
발효차는 아름다움을
고집하는 여성에게 추천

《반가워요, 중국 차》.
차는 생활의 구두점.
중국 차의 열렬한 팬이
안내하는 부담 없이
즐겁지만, 깊이 있는
중국 차의 세계로

중국 다도가 이와사키 나오코는
대만 거주 중에 중국 차의 매력에 눈을 뜨고
중국 차 문화를 전파하는 활동에 몰두,
중국 차 강사로 전문가를 육성하는 한편
중국 차 컨설턴트로서
일상에 중국 차 도입을 제안했다.
2012년에는 중국인도 취득하기 어렵다는
중국 정부 공인 고급 차 기사 자격을
일본인으로는 최초로 취득했다.

살바도르 달리의
티 파티(Tea Party) 코너

기모노를 입고 손님을 맞는
라이프스타일 큐레이터

스페인의 초현실주의 화가이자 미식가였던
살바도르 달리가 쓴 와인 안내서 《The Wines of Gala》.
2018 Gourmand World Cookbook Awards 수상작이다.
참고로 갈라(Gala)는 애처가였던 달리의 아내 이름이다.
어릴 적 꿈이 요리사였을 만큼 그는 식도락가이자
디너 파티광이자, 와인 애호가였다.
이 책은 달리가 직접 선별하고 소개하는 와인 가이드로
그가 그린 140개 초현실주의 삽화로 구성되어 있어
작품집인지, 와인 가이드인지 헷갈리지만 정말 아름다운 책이다.
와인을 산지와 연도로 구분하는 대신
달리에스크(Daliesque)적인 감각에 따라
경박한 와인, 불가능한 와인, 빛의 와인 등으로 분류했다.

《이상한 나라의 앨리스 레시피》
존 피셔, 정은문고(한국어판).
〈나를 마셔요〉 스프와 〈나를 먹어요〉 케이크를
만드는 법 등이 소개되어 있다.

천재 예술가들이 목욕하는 듯한
티백(Tea Bag) 제품

열광하는 팬fans이 있다

　　역사적으로 희소한 것을 보유한 자가 늘 부와 권력을 얻었다. 앞으로 비즈니스 환경에서 가장 희소한 자원은 자본도, 기술도, 인재도 아닌 〈고객〉이다. 플랫폼 기업들이 모든 비즈니스에 위협이 되는 이유는 자본이나 기술에 있지 않다. 그들이 고객을 선점하고 독점하기 때문이다.

　라이프스타일 비즈니스와 고객의 관계는 매우 끈끈하고 장기적이다. 이들 관계는 물건을 사고파는 관계가 아니다. 라이프스타일 비즈니스는 유행하는 물건을 대량으로 만들거나 사들여 팔아 치우는 식의 비즈니스가 아니다. 필요에 의해 일회성으로 접촉하는 관계도 아니다. 라이프스타일 비즈니스에서 고객과의 관계는 스타와 팬의 오래된 연대와 더 비슷하며, 이러한 관계는 자녀까지 대를 이어 가기도 한다.

　라이프스타일 비즈니스는 라이프스타일을 제안하고 그런 라이프스타일로 살고 있거나 살고 싶은 사람들이 고객이 된다. 비즈니스와 고객의 이상과 가치관이 변하지 않는 한, 고객은 그 라이프스타일 비즈니스의 평생 고객이 된다. 이때 고객은 가치와 정보를 공유하는 일종의 파트너이다.

　라이프스타일 비즈니스는 다양하고 깊고 잦은 커뮤니케이션을 통해 고객을 깊이 이해한다. 가장 중요한 고객 정보는 현재 소득 수준이나 가족 관계, 나이가 아니라, 그가 꿈꾸는 삶의 모습과 살면서 지켜가고자 하는 가치와 신념 같은 것들이다. 그것을 큐레이션해 제공하는 것이다. 그러면 고객은 라이프스타일 비즈니스로부터 '어떻게 이렇게 내 마음을 잘 알지?', '어떻게 이렇게까지 신경을 써 주지?'와 같은 감동을 지속적으로 경험한다. 또 반대로 라이프스타일 비즈니스는 고객으로부터 제안 확장의 아이디어를

당신의 라이프 스타일을
사겠습니다

얻는다.

〈환경을 보존하기 위해 오래 쓸 수 있는 아웃도어 라이프스타일〉을 제안하는 비즈니스가 있다고 하자. 이 사업은 단지 고객이 필요로 하는 가격과 품질의 아웃도어 용품을 파는 사업이 아니다. 그렇다면 고객은 더 싸고 좋은 것을 판매하는 곳으로 언제든 이전할 것이다. 고객은 비즈니스가 환경을 보존하기 위해 애쓰는 모습을 지켜보며 자기가 더 흐뭇해한다. 그것이 홍보나 광고 수단이 아닌, 사업자가 진심으로 바라는 것임을 느끼고 그것을 응원한다. 고객은 기업이 하는 활동에 동참하고 주변에 이를 알린다. 새 옷을 사는 대신 입던 옷을 수선해 자녀에게 입힌다. 설령 그것이 라이프스타일 비즈니스 이익에는 도움이 되지 않더라도 가치를 함께 지켜나갈 수 있다면 비즈니스와 고객 모두가 이것을 반긴다. 이런 것들을 보고 들으며 자란 아이는 커서 다시 이런 라이프스타일로 살며 대를 이은 고객이 된다.

이런 일은 아웃도어 기업 파타고니아Patagonia에서 실제 벌어지는 일이다. 그들은 새 옷을 사지 말고 해진 옷을 기워 입으라고 광고한다. 그들은 스스로를 주주의 이익이 아닌 환경을 보존하기 위해 존재한다고 선언한다. 자신들의 옷을 대를 이어 입히는 사례들을 찾아내 홍보 영상을 만든다. 옷을 더 튼튼하게 만들기 위해 로고를 쉽게 뗄 수 있게 만든다. 매년 이익의 일부를 환경 보호 운동에 기부하고, 자연을 되살리기 위해 불필요한 댐을 해체하는 프로젝트를 지원한다. 환경과 자연을 사랑하는 사람이라면, 노년에도 트레킹을 하고 서핑을 즐기는 삶을 꿈꾸는 사람이라면 어찌 이런 기업과 브랜드를 사랑하지 않을 수 있을까.

shareholders

Who are businesses really responsible to? Their customers? Shareholders? Employees?
We would argue that it's none of the above. Fundamentally, businesses are responsible
to their resource base. Without a healthy environment there are no
shareholders, no employees, no customers and no business.

patagonia®
committed to the core

800 638 6464   www.patagonia.com

Photo: Ted Scott

주주

기업은 누구에게 책임이 있을까요? 그들의 고객? 주주? 직원?
우리는 이들 모두가 아니라고 주장합니다. 근본적으로 기업들은
그들의 자원 기반에게 책임이 있습니다. 건강한 환경 없이는
주주도, 직원도, 고객도, 기업도 존재할 수 없기 때문입니다.

파타고니아는 자신들의 잉여 이익을 가져가야 할 진정한 주주는
창업자인 이본 쉬나드(Yvon Chouinard)나 직원들이 아니라,
환경이고, 바다이고, 돌고래라고 이 한 장의 포스터(2004)로 주장한다.
심지어 모든 기업들이 그렇게 생각해야 한다고 이야기한다.
그리고 이런 주장은 18년이 지난 지금도 변함이 없다.

그들의 현재 프로비전 홈페이지와 인스타그램 계정에는 여전히
〈지구는 지금 우리의 유일한 주주다〉라고 쓰여 있고,
최근 자신과 가족의 파타고니아 지분 전체를 환경 재단에 기부한
이본 쉬나드 회장이 전하는 영상 편지로 연결되어 있다.
진정한 라이프스타일 비즈니스는 주주의 이익이 아닌 〈지속 가능성〉을 목표로 한다.
(patagonia.com, patagoniaprovisions.com, @patagonia)

고객은 여러 가지 조건에 따라 브랜드로부터 등을 돌린다. 하지만 팬은 스타가 설령 실수하더라도 응원하고 지지를 보낸다. 팬은 스타가 하는 모든 일을 속속들이 알고 있고, 스타가 판매하는 모든 것을 구매한다. 「1,000명의 진정한 팬1,000 true fans」이라는 유명한 블로그 글을 보면, 크리에이터는 자신의 창작물을 조건 없이 사주는 1,000명의 진정한 팬이 있다면 평생 자신이 하고 싶은 일을 하며 살 수 있다. 한 사람의 팬이 매년 크리에이터를 위해 10만 원을 쓴다면 크리에이터는 연 1억 원을 벌게 된다. 따라서 크리에이터는 불특정 다수를 대상으로 자신을 알리려 하기보다 1,000명의 팬을 한 명씩 차근차근 모아가는 편이 더 낫다.

1,000명의 진정한 팬 × 연 10만 원의 꾸준한 이익 = 평생 매년 1억 원의 수입

당신은 카페를 운영하고 있다. 최근 소셜 미디어에서 인기를 얻어 멀리서 여행객들이 소문을 듣고 찾아오기 시작했다. 또 어떤 고객은 카페에 매일 찾아와 커피 한 잔을 시켜놓고 오랫동안 자리를 차지하고 앉아 일을 하거나 책을 본다. 당신은 어떤 고객이 더 좋은 고객이라고 생각하는가? 어떤 고객에 더 집중해야 할까?

일반적인 비즈니스라면 광고나 입소문을 듣고 찾아와 매출을 올려주는 고객들이 더 귀하게 느껴질 것이다. 하지만 재방문이 없다면 언젠가 인기는 수명을 다하고, 기존의 단골고객들은 여행객들 때문에 카페를 찾지 않는다. 라이프스타일 비즈니스로서 카페는 자주 찾아오는 단골이 일회성 여행객보다 훨씬 더 소중하다. 그들에게 관심을 기울이고 그들과 소통함으로써 그들에게 더 나은 라이프스타일을 제안하고, 더 큰 가치와 만족을 제공하려 한다.

당신의 라이프 스타일을
사겠습니다

모두를 고객으로 만들려 하지 않는다

"이렇게 살아보는 건 어때요?"라고 제안했는데 상대가 "나는 그런 삶을 원하지 않아요"라고 답한다면 어찌해야 할까? 라이프스타일 비즈니스는 그런 고객을 그냥 흘러보낸다. 내 평생 고객이 아닌 것이다. 기존 마케팅 방식처럼 고객을 속이고 유혹해서 어떻게든 고객이 지갑을 열도록 만들지 않는다.

라이프스타일 비즈니스는 푸시push의 방식으로 고객을 밀어붙이지 않는다. 고객이 비즈니스와 브랜드의 매력에 끌려오게 하는 풀pull의 방식으로 고객에게 접근한다. 끌려오지 않는 고객은 고객이 아니다. 비즈니스가 추구하는 가치를 함께 공유하며 팬이 될 평생 고객이 아닌 것이다. 만약 어떤 계기로 고객이 가치관과 인생 목표를 수정하여 라이프스타일 제안을 받아들인다면 그때 그 고객은 자연히 끌려올 것이다. 라이프스타일 비즈니스는 새로운 고객보다 이미 끌려온 고객에게 더 정성을 기울이고, 이들이 영업사원이나 마케터가 되도록 한다.

단, 사업 초기에는 평생 관계를 가져갈 고객을 찾아내야 하기 때문에 제안하는 대상을 충분히 넓힐 필요는 있다. 자기 자신 외에 아무도 모르는데 고객들이 알아서 끌려올 리 없다. 1만 명 중 한 사람이 나의 팬이 되어준다면 1,000만 명에게 제안하여 1,000명의 팬을 확보할 수 있다. 100만 명 중 한 사람이 좋아해 주는 아주 독특한 라이프스타일 제안이라도 알릴 대상을 세계 10억 명으로 확대한다. 그리고 그들과 평생 함께하면 되는 것이다.

라이프스타일 비즈니스는 하나의 제품을 많은 사람들에게 판매하는 것이 아니라, 라이프스타일의 구성이 되는 여러 제품과 서비스를 소수의 사

람들에게 긴 기간에 걸쳐 제안한다. 따라서 크리에이터라면 지속적으로
콘텐츠나 작품을 제작해야 한다. 큐레이터라면 지속적으로 알맞은 제품과
서비스를 찾아 제안을 확장해야 한다. 팬들이 새로이 구매할 만한 것들을
지속적으로 생산해 내야 한다.

라이프스타일 비즈니스는 모든 사람을 고객으로 만들려고 하지 않는다.
세심하게 고객을 고르고, 그들과 평생 관계를 가져가며, 더 많은 접점에서
인생 점유율을 높여간다.

인생 점유율life-share을 늘린다

라이프스타일 비즈니스는 큐레이션 서비스이자, 고객과 긴
밀하고 장기적인 관계를 구축하기 때문에 상대적으로 사업 확장이 쉽다.
비즈니스와 고객이 함께 꿈꾸는 삶 속에 있는 소재들로 카테고리 제약 없
이 조금씩 확장해 나가면 되기 때문이다. 일반적인 비즈니스의 확장 공식
은 성공 아이템을 늘리는 것이다. 카페 커피가 성공적이면 디저트를 추가
하는 식이다. 하지만 라이프스타일 비즈니스는 이런 식으로 사업을 확장
하지 않는다. 커피 자체가 핵심인 라이프스타일 비즈니스 카페는 원두를
팔고, 커피 강연을 열고, 커피 제품을 만들어 편의점으로 유통한다. 특색
있는 공간이 핵심인 라이프스타일 카페는 같은 공간을 경험할 수 있는 레
스토랑을 만들고, 팬션이나 캠핑 공간을 설계한다.

무인양품MUJI은 〈본질에 충실한 심플한 라이프스타일〉을 판매한다. 이
들이 제안하는 라이프스타일은 삶의 모든 면으로 확장되고 있다. 의류와

잡화에서 시작한 이들의 큐레이션은 음식으로 확장되었고, 이제 주거와 이동 수단에까지 다다랐다. 10평 땅만 있다면 내진 설계까지 된 3층 집을 3개월 만에 완성할 수 있는 조립식 주택을 내놓는가 하면, 꼭 필요한 것만 남긴 초소형 별장인 〈무지 헛MUJI Hut〉을 매장에서 판매한다. 또한 해외 출장지에서도 고객이 같은 라이프스타일을 유지할 수 있도록 무지 호텔을 중국에 제일 먼저 오픈했다. 소유하고 관리하는 것을 바라지 않는 고객을 위해 자가용 없이도 자유롭게 다닐 수 있는 자율주행 버스 개발에도 참여하고 있다.

라이프스타일은 돈과 시간의 소비를 통해 나타난다. 다시 말하면 돈과 시간을 소비하는 모든 것을 통해 라이프스타일을 제안할 수 있다. 아침에 눈을 떠서 밤에 잠자리에 들 때까지의 모든 삶의 순간이 라이프스타일 제안의 확장 대상이 된다. 이것을 시장 점유율market share 개념에 대비해 인생 점유율life share이라 표현한다. 기존 비즈니스에서는 하나의 제품을 얼마나 많은 사람들에게 판매했는가가 중요했다면, 라이프스타일 비즈니스는 우리 제안을 받아들인 고객의 인생에서 우리 비즈니스가 얼마나 차지하고 있는가로 평가된다. 무지 침대에서 일어나 무지 옷을 입고, 무지 식기에 담긴 무지 카레로 식사를 하고, 무지 자율주행차를 타고 무지 호텔에 가 묵는 사람이 있다면, 무지는 인생 점유율 경쟁에서 꽤 성공한 것이다. 아마도 이 고객은 또 다른 무지스러운 제안이 있다면 그것을 받아들일 가능성이 높다. 여기에 다른 제조사나 브랜드가 끼어들어 대체할 가능성은 매우 낮다.

전 세계에서 MUJI스러운 물건 찾아내기
(MUJI스러움이 무엇인지 명확하기 때문에 가능한 일)

하나의 MUJI 매장 안에서
〈MUJI 라이프스타일〉 제안 엿보기

MUJI스러운 책 한 권과
한 끼 식사

매장 안에 전시된 별장인
실물 MUJI 헛(Hut)

일본주택공사(UR)와
MUJI의 도시 재건축
프로젝트

MUJI스러운
건축자재와 주택 리노베이션

MUJI스러운
밥 짓기 방법들(책)과
도구(1인용 토기 밥솥)

MUJI스러운
식재료들 (유기농 순무)

지속 가능성_{sustainability}을 목표로 한다

기존 비즈니스의 최상위 목표에는 기업 가치 증대, 즉 주주의 이익 증대가 있었다. 즉 기업이 존재하는 이유는 주주의 부를 불리는 것이었다. 그 하위 지표에는 매출 성장과 이익 극대화 목표가 있었고, 이를 위해 시장 점유율을 늘리고, 고객 만족도를 높이고, 품질 오류를 줄이고, 직원 생산성을 높여야 했다. 기업의 모든 활동은 오로지 주주의 이익을 위함이며, 주주의 이익이 기업 활동의 선악을 구분하는 유일한 잣대였다. 심지어 ESG_{environmental, social, and governance, 환경 보호-사회 기여-지배구조 개선} 활동마저도 주주에게 이익이 되는 방식으로 실행된다. 이것은 기업에 남아있는 모더니즘적 사고의 잔재이다.

사람들의 사고방식이 바뀌며 기업과 기업이 제공하는 제품과 서비스를 바라보는 사람들의 관점도 바뀌고 있다. 주주 이익을 최우선으로 추구하는 기업과 브랜드는 이제 시장에서 사라질 준비를 하는 것이 좋다고 해도 과언이 아니다. 그렇다면 미래 비즈니스가 추구할 최상위 가치는 무엇일까?

라이프스타일 비즈니스는 여기에 〈지속 가능성_{sustainability}〉을 둔다. 이제 주주 이익보다 기업이 고객에게 선택받아 영구적으로 생존하는 것이 더 중요한 목표가 되었다. 이를 위해 〈팬의 수〉와 〈인생 점유율〉이 지속 가능성 목표를 뒷받침한다. 충분한 수의 팬이 있는지, 그들의 인생에서 우리 비즈니스가 얼마나 차지하고 있는지가 비즈니스의 지속 가능성을 결정한다.

당신의 라이프 스타일을
사겠습니다

그렇다면 고객은 어떻게 팬이 될까?

- 고객이 뜻밖의 감동을 경험하거나
- 장기적이고 지속적으로 만족을 느낄 때
- 브랜드나 기업에서 강한 동질감을 느낄 때

이때 고객은 팬이 된다. 따라서 고객 만족도나 동질감, 감동을 경험한 횟수가 팬의 수를 좌우하는 요소가 된다.

우리 고객이 팬인지, 아닌지를 확인하는 쉽고 확실한 방법은 그들의 재방문율을 알아보는 것이다. 이케아 매장이 한국에 들어서기 전에 가구점은 평생 한두 번 가서 큰돈을 쓰는 곳이었다. 하지만 이케아 매장에 한 번 방문한 고객의 70% 이상이 연내에 다시 방문한다. 꼭 구매 목적이 아니더라도 이케아의 확장된 제안을 둘러보기 위해 다시 들르는 것이다.

라이프스타일 비즈니스 고객은 오프라인 비즈니스라면 매장을 자주 방문하고, 온라인 비즈니스라면 앱이나 웹사이트를 매일 둘러본다. 매장이나 사이트를 방문하는 것 자체가 여유 시간을 소비하는 라이프스타일로 굳어졌기 때문이다. 둘러보는 것만으로도 꿈꾸는 삶에 다가간다는 상상으로 얼굴에 미소가 지어진다. 만약 고객이 매장에 방문할 때마다 물건을 구매한다면 일반적으로는 좋은 현상이다. 하지만 재방문율이 낮은 고객은 매장에 자주 들르지만 물건을 가끔 사는 고객보다 팬이 아닐 가능성이 높다. 그 고객은 단지 물건이 필요하고 가깝거나 싸서 매장에 들르는 것일 수 있기 때문이다. 구매와 상관없이 같은 업종에 비해 고객의 재방문율이 높다면 그 비즈니스의 지속 가능성도 높다.

공통 가치를 지키는 활동을 고객과 함께하는 것도 기업이나 브랜드와의 동질감을 높여서 팬이 되게 하는 방법이다. 사회운동가인 생활용품 기업 〈러쉬Lush〉는 직원, 고객이 함께 성 소수자 축제를 지원하거나, 포장지를 없애서 지구를 지키자는 취지로 거리 캠페인을 벌인다.

역사나 소설 속에서 군주를 목숨 걸고 지키는 충신들은 그 군주로부터 큰 은혜나 감동을 받은 경우가 대부분이다. 군주가 자신이나 가족의 목숨을 구해 주었거나, 해결할 수 없는 큰 빚을 탕감해 주었거나, 스스로 이겨낼 수 없는 고통에서 구해 주었기 때문이다. 비즈니스 관계에서 이런 큰 감동을 기대할 수는 없지만, 고객이 예상하지 못했던 세심한 감동과 배려가 고객을 평생 팬으로 만든다. 이런 감동 스토리는 인터넷을 타고 전 세계로 퍼진다.

미국 홀푸드마켓에서 전산 장애로 결제가 불가능한 상황이 생겼을 때 점주는 자기 결정으로 계산 중이던 고객이 물건을 공짜로 가져가도록 조치했다. 장애가 있던 30분간 4,000달러(약 500만 원)의 손실이 발생했지만, 이때 고객들은 홀푸드마켓의 팬이 되었고 이 이야기를 주변에 전파하는 마케터의 역할까지 해 주었다. 고객의 이름을 기억해 주고, 그들이 꿈꾸는 삶에 대해 이야기하고, 그들의 필요에 세심하게 반응하고, 가끔 예상치 못한 작은 선물을 건네는 것이 고객을 팬으로 만든다. 이것은 비용 절감을 위해 직원들과 고객과의 접점을 인공지능으로 대체해 가는 대기업들은 할 수 없는 일이다. 그들은 고객 수는 어떻게든 유지할지 모르지만, 팬의 수를 확실히 줄이며 스스로 지속 가능성을 낮춰가고 있다.

인생 점유율은 대표적으로 돈과 시간을 대상으로 한다. 우리는 평생 먹고 자고 입는 데 돈을 쓴다. 거기서 하나의 브랜드나 기업이 차지하는 비중이 인생 점유율의 한 축이다. 아직 누구도 이런 식으로 자신의 지속 가능성이나 기업 가치를 측정한 적은 없었다. 막연하게 추측하거나 아주 작은 분야만으로 한정해 산정했을 뿐이다. 현재 화장품을 파는 기업이 스스로를 화장품 기업이라고 정의한다면 그 기업은 시장 점유율에만 관심을 가질 것이고, 화장품을 추가로 출시해 시장 점유율을 높이려 할 것이다. 하지만 〈친환경 비건vegan 라이프스타일〉을 제안하는 브랜드로 스스로를 정의한 현재의 화장품 기업은 화장품에서 시작했지만 샴푸, 비누, 수건, 식재료, 배달 음식, 옷, 침구 등으로 제안을 확장할 수 있다. 진정한 라이프스타일 비즈니스는 이처럼 자신의 제안을 확장해 가며 인생 점유율을 높여 간다.

인생 점유율의 또 한 축은 시간 소비이다. 우리는 모두 하루 24시간을 살아간다. 그리고 매 순간 무엇을 하고 거기에는 다양한 제품과 서비스가 연결되어 있다. 주말에 이케아 침대에 누워 배달된 스타벅스 커피를 마시고 애플 맥북으로 넷플릭스에서 시리즈물을 보며 시간을 보내는 것과, 파타고니아 재킷을 입고 백팩을 챙겨 테슬라 전기차를 몰아 근교 산으로 가서 등산하며 같은 시간을 보내는 것은 서로 경쟁 관계이다. 시간으로 본 인생 점유율 관점에서 넷플릭스와 소니 플레이스테이션과 파타고니아는 치열한 경쟁 관계에 있다. 라이프스타일 비즈니스는 고객이 어떻게 더 자주, 더 행복한 시간을 보낼지 고민하고, 그것을 큐레이션해 제안한다. 그렇게 시간 관점에서도 인생 점유율을 높여간다.

라이프스타일 비즈니스 이해하기

〈라이프스타일〉이란 한 사람의 이상과 가치관이 돈과 시간의 소비를 통해 반복적으로 나타나는 패턴을 의미한다. 그래서 라이프스타일은 그 사람이 꿈꾸는 삶의 모습을 투영하고 있다. 모더니즘의 물질주의와 획일화에 지친 현대인들은 성공보다 개인의 행복과 선택의 자유를 추구하기 시작했고, 그것이 포스트모더니즘 시대를 열었다. 사람들은 행복한 삶을 사는 자신만의 방법을 찾기 시작했고 이로 인해 라이프스타일의 세분화, 다양화 현상이 나타났다.

한편 현대는 공급과 자본 과잉 시대이다. 비슷한 품질과 가격의 수많은 제품들이 경쟁하고, 이를 생산할 수 있는 자본과 도구는 넘쳐난다. 소비자는 생산자보다 더 많은 정보를 가지고 이를 적극적으로 공유한다. 누구라도 원하면 세계 어느 나라의 제품도 구매할 수 있고, 게다가 맘만 먹으면 원하는 제품을 직접 만들 수도 있다.

이런 라이프스타일 다양화와 공급 과잉이라는 두 가지 현상이 결합되어 새로운 소비 형태인 〈가치 소비〉가 등장했다. 사람들은 과시 소비, 모방 소비에서 벗어나 자신들의 개성과 라이프스타일을 표현할 수 있는 제품과 브랜드를 찾아 거기에 특별한 가치를 부여한다. 일반적인 제품이 지니는 기능적 가치를 넘어서 기업과 브랜드, 창작자가 지켜가는 가치와 이상에

당신의 라이프 스타일을
사겠습니다

더 큰 비중을 두기 시작했다.

이러한 대중의 생각과 행동 변화는 〈라이프스타일 비즈니스〉라는 새로운 비즈니스 모델을 탄생시켰다. 소비자는 자신의 가치 소비를 편리하게 만들어 줄 큐레이션 서비스를 찾았고, 자신의 개성과 라이프스타일을 지원할 진정성 있는 공급자를 원했다. 한편 반대쪽에서는 자신이 좋아하는 일을 하며 원하는 경제적 수입을 얻기 바라는 사람들이 늘었다. 다른 사람의 이익을 위해 그들이 시키는 의미 없는 일을 하며 하루하루를 보내는 것에 지쳐갔다. 일 자체도 자신이 꿈꾸는 행복이길 바랐다. 당장 내일 죽더라도 후회 없는 삶이길 바랐다. 이 두 수요가 만나는 지점에서 라이프스타일 비즈니스는 탄생했다.

라이프스타일 비즈니스는 한 사람 또는 한 집단이 이상적으로 생각하는 라이프스타일의 전체 또는 일부를 사람들에게 제안하고 그것을 구현하여 파는 사업 모델이다. 그래서 창작자나 창업가의 가치관과 꿈이 담겨 있고, 그것을 고객과 공유한다. 창작자, 기업, 브랜드와 가치를 공유한 고객은 팬이 된다. 팬은 가격이나 품질 때문에 다른 곳으로 이전하지 않는다. 이 관계는 장기적이며 끈끈하고 대를 이어 가기도 한다.

라이프스타일 비즈니스는 제안하는 라이프스타일 안에서 다양하게 확장 가능하며, 이것은 고객의 돈과 시간의 소비에서 차지하는 비중, 즉 인생 점유율을 높여 가게 된다. 열광하는 팬의 존재와 높은 인생 점유율은 기업의 지속 가능성을 높인다. 지속 가능성은 미래 비즈니스에서 주주 이익보다 더 중요한 목표이다. 매출이나 이익은 추구하는 대상이 아니라 저절로 따라오는 것이다.

라이프스타일 비즈니스가 촘촘하게 늘어나 다양한 라이프스타일을 가진 고객들의 인생 점유율을 높여가게 되면, 단지 품질과 매스 마케팅으로 경쟁하는 사업자는 영영 고객을 잃게 된다. 팬이 없는 브랜드는 지속 가능성이 급격하게 하락하고 결국 시장에서 사라질 것이다.

반면 개인들은 새로운 가능성을 마주하고 있다. 돈이 인생 목표인 시대에는 희생과 인내가 미덕이었고, 성공과 행복은 함께할 수 없는 가치처럼 보였다. 하지만 행복이 인생 목표인 시대에 정답은 하나가 아니다. 우리 각자의 행복 포인트는 미묘하게 다르다. 그 포인트를 정곡으로 찔리면 저절로 감탄이 나오며 우리는 황홀경에 빠진다. 세상에는 비슷한 행복 포인트를 가진 사람들이 있고, 이들이 끈끈한 라이프스타일 비즈니스의 구성원이 된다. 80억 사람 중 같은 삶을 꿈꾸는 1,000명을 만날 수 있다면 우리는 평생 진정한 〈나〉로 살아갈 수 있다. 무엇보다 나의 행복 추구가 다른 사람의 행복에도 도움을 준다는 것이 라이프스타일 비즈니스의 가장 큰 매력이다.

캘리포니아 나파 밸리에서 만난
〈돌을 위한 막대기(sticks for stones)〉를
파는 갤러리 편집숍

나의 인생 키워드

keywords
of life

—

라이프스타일 비즈니스를 만드는 것은 〈나〉로 부터 시작한다. 진정한 〈나〉를 발견하는 과정 속에서 자연스럽게 라이프스타일 비즈니스의 핵심이 드러난다. 그것은 남들과 〈다른 무엇〉이 되어, 내 비즈니스를 가장 희소한 것으로 만든다.

강의를 하며 가장 많이 듣는 질문이 "작가님의 가치관과 라이프스타일은 무엇인가요?" 라는 것이다. 아마도 내 답변을 통해 스스로의 가치관과 라이프스타일, 나아가 라이프스타일 비즈니스를 유추해 보려는 생각일 것이다. 이 장을 통해 그 질문에 답해 볼 것이다.

버킷 리스트 키워드

가장 쉬운 것부터 시작해 보자. 죽기 전에 하고 싶은 것, 갖고 싶은 것, 되고 싶은 것들을 맘껏 적어보자. 나중에 분류와 편집 작업을 편하게 하려면 종이보다는 스프레드시트 같은 컴퓨터 프로그램 사용을 추천한다. 개수 제한은 없다. 상상의 나래를 펼쳐라. 건강한 상태로 살 수 있는 한두 달의 시간이 남아있다고 가정해 보는 것도 도움이 된다. 돈에 구애받지 마라. 지금 상황에서는 전혀 불가능해 보일 것 같은 일도 상관없다. 〈하다〉, 〈갖다〉, 〈되다〉와 같은 동사나 형용사를 두고 앞의 말을 바꿔가며 생각해 볼 수도 있다.

〈버킷 리스트bucket list〉라는 용어는 목을 매 죽기 전에 살아서 하고 싶었던 것들을 적은 리스트에서 유래되었다. 이때 양동이bucket를 뒤집어 놓고 그 위에 올라 목을 매고, 죽을 때 이 양동이를 걷어찼다.

버킷 리스트는 당신의 〈인생 행복 성적표〉로 생각할 수 있다. 당신이 마지막 눈을 감는 순간 버킷 리스트의 모든 항목을 이루었다면 아마도 당신은 행복한 삶이었다며 후회 없이 눈을 감을 수 있을 것이다. 반대로 하나도 이루어 보지 못한 채 죽게 된다면 삶에 대한 미련이 크게 남을 것이다.

〈책 쓰기〉처럼 간단하게 적기보다는 〈베스트셀러 저자가 되어 강연하

당신의 라이프 스타일을
사겠습니다

기〉처럼 꿈이 이루어졌을 때의 행복한 상황을 상상해서 적어본다. 〈행복한 가정 이루기〉처럼 막연한 표현보다 이 말을 들었을 때 머릿속에 떠오르는 이미지, 예를 들어 〈가족이 함께 산림욕장 캠핑하기〉, 〈가족에게 직접 요리 대접하기〉처럼 적는 것이 다음 단계를 진행하는 데 도움이 된다. 필요하다면 인터넷에서 관련 이미지나 영상을 검색해 보는 것도 상상에 도움이 된다.

　나이가 많지 않다면 꽤 많은 항목들이 도출될 것이다. 반대로 어느 정도 나이가 있다면 많은 것들을 이루었고, 또 많은 것들을 포기하여 버킷 리스트에는 많지 않은 항목이 남아있을 것이다. 나는 20대에 110여 개 항목으로 이루어진 버킷 리스트를 에버노트Evernote.com에 처음 작성했다. 그리고 1년에 한두 번 버킷 리스트를 꺼내 카테고리별로 정리하고, 욕구가 사라진 것은 지우고, 새로이 하고 싶은 것을 추가하고, 그해 이룬 것들을 체크했다. 20년 후 버킷 리스트를 봤을 때는 상당히 많은 것을 이루었고, 또 많은 것이 삭제되어 이제 손꼽을 정도만이 남았다. 매일 버킷 리스트를 들여다보며 하나하나 달성하기 위해 일부러 애쓰지 않았는데도 삶은 이것들을 이루는 방향으로 흘러왔다. 사람은 자신이 꿈꾸는 삶의 모습에 다가가는 데 도움이 되는 생각과 행동을 의식적으로 또는 무의식적으로 반복한다는 알프레드 아들러의 혜안을 실감하는 순간이었다. 내가 꿈꾸는 삶, 나의 버킷 리스트는 이런 식으로 우리 삶에서 작동한다.

충분히 적었다고 생각되면 이제 항목들을 분류해 보자.

첫 번째 카테고리에는 돈을 주고 살 수 있는 물건 항목들을 넣자. 어떤 것에 대한 소유욕에 해당한다. 갖고 싶은 차나 집, 명품, 가전, 가구 같은 것들이다. 〈40평 아파트〉는 이 카테고리에 해당하지만, 〈자연 풍경이 멋진 마당 있는 2층 집에 살기〉는 이 카테고리보다는 다음 카테고리인 경험 욕구에 가깝다. 〈빨간 스포츠카〉는 소유욕이지만, 〈사랑하는 사람과 오픈카를 타고 멋진 해안 도로 달리기〉는 경험욕이다.

두 번째는 비교적 짧은 시간에 수차례 경험해 보고자 하는 욕구들이다. 여행, 운동, 취미, 레저, 공부, 성취, 치료 같은 것들이 여기에 해당한다. 주로 〈하다〉라는 동사로 끝난다.

세 번째는 어떤 지위나 능력을 가진, 또는 어떤 인정을 받는 사람이 되고자 하는 욕구이다. 비교적 긴 시간 동안 누리는 삶을 꿈꾸는 것으로, 〈되다〉라는 형용사와 연관되어 있다. 부자가 된다거나 CEO가 된다거나 유명인이 되고 싶은 욕구이다. 아버지, 아들, 남편, 친구, 상사 등 주어진 역할에서 어떤 사람으로 기억되고 싶다는 욕구도 여기에 해당한다. 건강, 성품, 명예와 관련한 것도 여기로 분류한다.

대부분은 이 세 가지 중 하나로 분류될 것이다. 어느 것에도 넣기 어려운 것은 네 번째 분류로 넣어두자.

만약 자신과 전혀 다른 가치관이나 라이프스타일을 가진 사람이나 집단을 대상으로 라이프스타일 비즈니스를 구상한다면 그 사람의 버킷 리스트를 상상으로 작성해 보아야 한다. 하지만 다른 사람의 버킷 리스트를 그 사람의 입장이 되어 가상으로 작성한다는 것은 아무래도 정확성과 진실성이 떨어진다. 아무리 다른 사람의 입장이 되었다고 상상한들 수십 개의 항목을 적다 보면 무의식적으로 나의 경험과 가치관이 투영될 수밖에 없다. 라이프스타일 비즈니스는 결국 라이프스타일 설계자인 내가 반영된다.

분류를 마쳤다면 각 항목에서 키워드를 뽑는다. 여러 번 등장하는 키워드에는 등장 횟수를 표시해 두자. 〈베스트셀러 저자가 되어 강연하기〉에서는 〈책〉, 〈저자〉, 〈강연〉, 〈가족이 함께 산림욕장 캠핑하기〉에서는 〈가족〉, 〈자연〉, 〈캠핑〉, 〈가족에게 직접 요리 대접하기〉에서는 〈가족2〉, 〈요리〉, 〈자연 풍경이 멋진 마당 있는 2층 집에 살기〉에서는 〈자연2〉, 〈집〉, 〈사랑하는 사람과 오픈카를 타고 멋진 해안 도로 달리기〉에서는 〈애인〉 또는 〈배우자〉 또는 〈가족3〉, 〈차〉 또는 〈드라이브〉, 〈자연3〉를 키워드로

뽑을 수 있다. 〈소설 출간하기〉라는 항목의 키워드는 〈소설〉, 〈출간〉일 수 있지만 만약 〈책〉이나 〈저자〉라는 키워드가 이미 다른 항목에서 나왔다면 〈저자2〉처럼 중복 등장으로 셀 수 있다.

버킷 리스트의 예

분류	항목	키워드
소유욕, 〈갖기〉	• 내가 설계한 2층 집 짓기 • 빨간 스포츠카 • …	집 차
경험욕, 〈하기〉	• 소설 출간하기 • 강연하기 • 가족이 함께 산림욕장 캠핑하기 • 가족에게 직접 요리 대접하기 • 자연 풍경이 멋진 마당 있는 집에서 살기 • 사랑하는 사람과 오픈카를 타고 해안 도로 달리기 • …	책 강연 가족, 자연, 캠핑 가족2, 요리 자연2, 집2 가족3, 차2, 자연3
자아실현/인정욕, 〈되기〉	• 베스트셀러 저자되기 • …	책2, 저자
기타	• …	
키워드 정리 (7개 이내)		**가족, 자연, 책, 차, 집, …**

키워드 개수가 7개 이상이라면 삶에서 비중이나 중요도가 낮은 키워드를 제거하고 7개 이내로 남긴다. 사람이 쉽게 기억할 수 있는 단어 수는 7개를 넘지 못한다. 나의 현재 버킷 리스트에서는 다음과 같은 키워드가 추

출되었다.

책, 기획, 사업, 수동 소득passive income, 여행, 집 짓기, 반려견.

버킷 리스트 키워드는 내 삶에서 가지는 욕구들, 삶에 행복을 주는 것들, 그래서 내가 살면서 자연스럽게 관심을 가질 수밖에 없는 것들을 보여준다.

나라는 사람

〈나〉라는 사람은 어떻게 정의할 수 있을까? 남들과 다른 나를 정의하려면 남들과 다른 점을 밝히면 된다. 그것은 이름이나 주소, 소속 회사처럼 바뀔 수 있는 것이면 안 된다. 얼굴, 신체 조건, 성격, 재능, 경험, 가치관 같은 것이 나를 정의한다. 우리가 누군가를 채용하거나 배우자를 고를 때 확인하는 것들이다. 그리고 이것들은 근본적으로 세 가지 원인에 의해 결정되는데 〈유전자〉, 〈뇌 구조〉 그리고 〈기억〉이 그것이다.

〈유전자〉는 정자와 난자가 수정될 때 결정되어 죽을 때까지 변하지 않는 요인이다. 절반은 아버지로부터, 절반은 어머니로부터 물려받는다. 부모가 모두 키가 크고 잘 생겼으면 자식도 그럴 가능성이 높다. 부모가 지능이 높으면 자식도 그럴 가능성이 높다. 최근 유전자에 대한 지식이 빠르게 쌓이면서 유전자에 대한 중요도가 점차 증가하고 있다. 신체 조건과 수명 그리고 기본적인 뇌 구조가 유전자에 의해 결정된다. 이것은 개인의 노력이나 주변 환경에 의해 바뀌지 않는 고정 변수이다. 따라서 나에 대한 정의 중 유전자와 관련된 것은 있는 그대로 받아들일 필요가 있다.

인간 몸을 구성하는 대부분 세포들은 세포 분열을 통해 죽고 다시 태어나며 싱싱함을 유지한다. 하지만 태어난 후 평생 세포 분열하지 않고 죽기만 하는 세포가 있다. 바로 뇌 신경세포인 뉴런neuron이다. 뉴런은 죽기만할 뿐 새로 만들어지지 않는다. 인간은 태어날 때 가장 많은 뉴런을 가지고 있다. 뉴런 간의 연결 부분을 시냅스synapse라 하는데, 신생아는 시냅스가 거의 없다. 이때 뇌 구조는 거의 유전자에 의해 결정된 것이다.

태아는 보육자로부터 다양한 자극을 받아들이며 뇌를 발달시킨다. 유아기 때까지 안 쓰는 뉴런을 제거하여 뉴런 개수는 유아기를 지나면 거의 고정된다. 한편 뉴런 간 연결 로직인 시냅스가 빠르게 증가한다. 2세 전후로 가장 복잡한 시냅스 구조를 만들었다가 자주 쓰는 시냅스를 강화하고, 안 쓰는 시냅스를 끊어내면서 시냅스 개수를 줄이며 〈뇌 구조〉를 최적화한다. 이런 최적화는 청소년기에 거의 마무리된다.

나이에 따른 뉴런과 시냅스 발달 과정

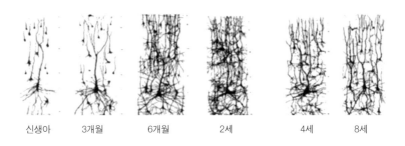

| 신생아 | 3개월 | 6개월 | 2세 | 4세 | 8세 |

즉 성격, 재능, 지능, 사고방식 등 뇌에 의해 결정되는 〈나〉는 절반은 유전자로, 나머지 절반은 청소년기까지의 뇌 사용 패턴이 상당 부분 결정한다. 유아-초중고 시절에 논리적 사고 훈련을 많이 한 뇌는 그런 사고에 최적화된다. 따라서 자극에 논리적으로 대처할 가능성이 높다. 여기에 유전적으로 도파민이나 세로토닌 같은 신경전달물질의 활성도가 높다면 차분하고 독립적인 성향이 더해져 이성적인 성향을 강화한다. 아무리 유전적

인 뇌 구조가 뛰어나도 어린 시절 뇌를 쓰지 않으면 그대로 뇌가 굳어진다. 그래서 유년기와 청소년기에 무엇에 관심을 가지고 뇌를 썼느냐는 나를 정의하는 데 매우 중요한 요인이다.

당신은 어린 시절 주로 무엇에 뇌를 사용했는가? 운동을 했는가? 게임을 했는가? 소설을 읽었는가? 수학이나 과학을 즐겼는가? 그림을 그렸는가? 공작을 즐겼는가? 음악을 듣거나 노래하고 악기를 연주했는가? 청소년기까지 많은 시간을 투입했던 주요 활동과 관심사는 당신 뇌에 강하게 새겨져 있고, 이때까지의 학습이 뇌 구조를 바꾸는 학습이 된다.

성년이 되고 나면 뉴런과 시냅스 구조는 크게 변하지 않는다. 성인 이후에도 오랜 시간 반복 훈련을 하면 시냅스 구조가 변경된다는 연구 결과가 있으나, 어린 시절에 비하면 그 변화는 크지 않은 편이다. 대부분은 기존 뇌 구조를 활용해 〈기억〉을 쌓는 방식으로 학습이 이뤄진다. 우리는 이것을 경험 또는 경력이라 한다. 운동선수 부모를 둔 아이가 청소년기까지 내내 운동선수로 활동하며 운동하는 뇌로 최적화했다고 하자. 이 사람이 성인이 되어 선수 생활을 그만두고 매우 수리적인 통계 계산과 논리적인 사고를 요하는 데이터 분석 코치를 한다면 어떻게 될까? 아마도 논리와 수리에 최적화된 뇌 구조를 가진 사람에 비해 아주 고된 공부가 될 것이다. 인고의 학습을 마치고 나면 이 사람의 뇌가 수리적인 뇌로 바뀌는 것이 아니라, 수많은 기억과 경험에 의한 직관력을 얻게 되는 것이다. 이런 직관은 기존의 운동하는 뇌 기반에서 생성될 것이다.

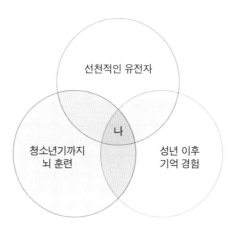

남들과 다른 〈나〉를 만드는 근본 요인

선천적인 유전자

나

청소년기까지
뇌 훈련

성년 이후
기억 경험

앞으로 몇 단계 활동은 이 세 가지 요소, 선천적인 유전자, 유년기-청소년기 뇌 훈련 그리고 성년 이후 기억 경험을 통해 〈나〉를 발견하는 활동을 이어갈 것이다.

테이블, 의자, 화초, 장식물, 깃발(위 사진 오른쪽: 카탈루나 독립 지지)을 통해 거주자의 개성과 라이프스타일이 그대로 드러나는 바르셀로나의 테라스들

성격 키워드

라이프스타일 비즈니스는 자신이 꿈꾸는 인생을 모델로 하기 때문에 내향적인 사람이 외향적인 활동들로 자신의 이상적인 삶의 모습을 채울 리 없다. 외향적인 고객은 내향적인 활동들로 채워진 라이프스타일 제안에 매력을 느끼지 못할 것이다. 따라서 자신의 성격을 이해하는 것은 라이프스타일 제안을 설계하고 잠재 고객을 찾는 데 중요한 요소이다.

성격 요소 중 유전적 요인과 뇌 구조와의 연관성이 많이 연구된 것 중 하나가 내향성과 외향성이다. 한 연구 결과에 따르면 내외향성의 54%가 유전적으로 결정되며(나머지는 청소년기까지의 뇌 최적화로 결정), 뇌 구조가 완성된 성인 이후에는 쉽게 바뀌지 않는다. 내외향성에 대한 정의는 다양하지만, 내외향성의 생리적인 기준은 자신이 바라는 외부 자극의 강도 차이다. 평소 강한 자극을 추구한다면 외향성을 나타내고, 약한 자극에 만족하고 강한 자극에 쉬이 피로해진다면 내향적이라 판단한다. 대부분 성격 유형 검사에서도 내외향성은 빠지지 않은 성격 요소이다.

라이프스타일 비즈니스에서는 제안 설계자의 이런 내외향성이 디자인, 인테리어, 색상, 고객과의 접촉 방식 등 여러 구성 요소와 보조물에서 드러난다. 설계자와 비슷한 자극 민감도를 가진 고객들이 그 라이프스타일 제안에 더 호감을 보일 것이라는 것은 충분히 예상할 수 있다.

당신의 라이프 스타일을
사겠습니다

유전자나 뇌 구조와 연관되어 청소년기 이후 잘 변하지 않는 또 하나의 성격 요인은 사회성이다. MBTI(마이어브릭스 성격 유형 지표)에서는 이성thinking-감성feeling으로, TCI temperament and character Inventory, 기질-성격 검사에서는 사회적 민감도로, 빅5big5 검사에서는 친화성agreeableness 요소로, DISC 행동 검사에서는 임무 중심task-oriented-사람 중심people-oriented 요소로 측정된다. 이 성격 유형은 다른 사람의 감정 상태에 얼마나 공감하고 민감하게 반응하는가를 나타낸다.

사회성 요소는 라이프스타일 비즈니스 제안을 구성하는 다양한 활동들에서 고객 관계가 어떤 식으로 형성되는지에 영향을 준다. 공감 능력과 사회성이 높은 사람은 이러한 강점을 라이프스타일 비즈니스 제안에 적용할 수 있다. 반대로 독립적, 이성적 성향의 라이프스타일은 감성보다는 편리와 유익에 초점을 두는 것을 고려할 수 있다. 같은 주제로 책을 쓰더라도 전자는 에세이나 시를 쓰는 것이, 후자는 전문서나 해설서가 더 어울린다.

인터넷에서 다양한 성격 검사를 해보고 결과를 받아보자.

• MBTI 성격 검사: www.16personalities.com
• Big5 성격 검사(한국어, 120문항): www.bigfive-test.com
• TCI 성격 검사(영어, 289문항): psytests.org/personal/ipiptcien-run.html

성격 검사 결과와 자신이 알고 있는 자기 성격으로부터 키워드를 찾아 버킷 리스트에서 했던 것처럼 7개 이내로 정리해 보자. 나의 성격 묘사에서는 지적 호기심, 심미, 분석적, 독창성, 상상, 아이디어, 전략과 같은 키워드를 찾아냈다. 참고로 나의 MBTI 성격 유형은 각 성향이 6:4 정도로 희미한 INTP(내향-직관-이성-인식)이며, 빅5 테스트 결과에서는 지력intellect, 상상력imagination, 심미안artistic interests, 자신감self-efficacy 점수가 높았다.

재능 키워드

　　재능은 모든 비즈니스에서 중요한 요소이지만, 쉽게 정의할 수 없는 것이기도 하다. 선천적 능력, 유년기-청소년기 뇌 훈련, 성년 후 경험 등 세 가지 요인이 모두 조합되어 나타나기도 하며, 신체적 특성, 특별한 능력, 잘 훈련된 스킬 등 다양한 관점의 강점을 포함하기 때문이다.

　　〈노래를 잘한다〉는 재능은 고음을 쉽게 낼 수 있는 선천적인 성대 구조와 아름다운 음색, 어린 시절 훈련을 통해 얻어진 박자 감각과 절대 음감, 성인 이후 했던 전문적인 발성과 스킬 연습, 이런 과정을 쉬지 않고 반복했던 끈기가 결합된 종합적인 것일 수 있다. 노래라는 종합 재능뿐만 아니라 그 재능을 구성하는 고음, 음색, 음감, 발성, 스킬, 끈기 등 모두가 하나의 재능이 될 수 있다. 탁월한 성격도 재능이 될 수 있는데, 빅5 검사의 높은 개방성openness to experience도 하나의 재능이지만, 개방성을 구성하는 높은 상상력, 심미안, 지적 능력도 개별적인 재능이 된다.

　　재능이 반드시 전공이나 직업과 일치하는 것은 아니다. 노래에 재능이 있다고 반드시 성악을 전공으로, 가수를 직업으로 삼지는 않는다. 자신의 재능에 대한 시장 수요가 충분하지 않다면 직업으로 삼기 어려울 수 있다. 또 다른 이유는 자신이 가진 재능 중 노래보다 더 나은 재능이 있다면 거기에 시간과 노력을 쏟는 편이 더 낫기 때문이다. 이것은 재능을 선정하는 데 중요한 포인트이다. 우리는 보통 재능이란 다른 사람보다 더 잘하고, 더 나은 것이어야 한다고 생각한다. 하지만 그런 기준이라면 세계 챔피언이 아닌 이상, 재능이라고 할 만한 것이 없을 것이다.

자신의 재능을 찾는 방법은 남들과 비교해 평가하는 것이 아니라 자신이 가진 여러 재능 중에 가장 나은 것을 선택하는 것이다. 이것은 무역의 원리와 같다. 제국주의 시절 영국은 모든 재화 생산 능력에서 인도를 앞섰다. 비교에 의해 재능을 선택한다면 영국은 모든 재화 생산 능력이 재능이 되고, 인도는 어떤 재능도 없는 셈이다. 그렇다면 영국은 자국에서 모든 재화를 생산해야 하고, 따라서 영국과 인도 사이에는 어떠한 무역도 일어나지 않아야 한다. 그런데 실제 무역이 일어나고 그것이 양국에 모두 이득이 된다. 이것은 영국의 경제학자 데이비드 리카도David Ricardo가 국가 간 무역이 일어나는 원리를 설명한 〈비교우위론〉에 근거한다. 영국은 한정된 생산 능력을 모든 재화에 나누어 생산하는 것보다 가장 생산 능력이 나은 재화에 능력을 집중하는 편이 더 많은 가치를 만들어낸다. 인도 역시 같은 원리로 가장 생산 능력이 나은 재화에 노력을 경주하고 나머지 재화는 무역을 통해 해결하는 것이 이득이다. 각자는 자신이 가진 최고 재능 하나에 집중하고 나머지는 다른 사람과 교환함으로써 각자와 전체 이득은 최대가 된다.

라이프스타일 다양화, 세분화로 사람들이 소비하는 재능의 종류는 거의 무한대로 확장되고 있다. 여기에 유튜브가 새로운 수익원이 되면서 이런 현상이 가속되고 있다. 과거에는 〈과학을 잘한다〉, 〈운동 신경이 있다〉, 〈마케팅 경험이 많다〉와 같이 고용되어 쓰일 수 있는 것만 재능으로 인정했다면, 포스트모더니즘 시대에는 그것이 아무리 하찮아 보여도 자신이 가진 최고 능력이 모두 재능이 될 수 있다. 소화 능력이 뛰어나서 많이 먹는 것도 재능이고, 쓸데없어 보이는 하나에 꽂혀 그에 대한 것이라면 아주 세세한 것까지 아는 것도 재능이 된다. 반려견의 행동을 이해해서 반려견과 행동으로 대화하는 것도, 1년 내내 서핑을 즐길 수 있는 열정도 재능이 된다. 성냥 한 개비를 깎아 조각 작품을 만들기도 하고, 비트박스로 세계적인 인기를 얻기도 한다.

다음 질문들에 답을 적어보면서 자신의 재능을 확인해 보자. 어렵게 생각할 필요가 없다. 모든 질문에 꼼꼼하게 답하려 하기보다 질문을 통해 바로 떠오르는 자신의 강점들을 생각나는 대로 적어보자.

- 특별한 신체적 조건을 가지고 있는가? 좋은 음색, 민감한 미각, 운동 신경, 반사 신경, 균형 감각, 소화력, 큰 키, 아름다운 용모, 좋은 기억력 등 타고난 재능이 있는가?
- 가족이 공통적으로 가진 특별한 능력이 있는가? 지능이 높다거나, 특별한 손재주가 있다거나, 공통적인 직업이나 취미가 있는지 생각해 보자.
- 자발적이든 아니든 유년기와 청소년기에 어떤 활동에 가장 많은 시간을 투입했는가? 꾸준하게 다녔던 학원이나 특별 활동이 있는가? 많은 시간 몰두했던 취미나 예술 활동이 있는가? 친구들과 어울려 했던 활동은 주로 무엇이었나? 게임이나 인터넷 콘텐츠를 소비하며 대부분 시간을 보냈다면 그로 인해 어떤 재능이 개발되었을지 생각해 보자. 특별히 기억에 남아 자주 회상하는 콘텐츠가 있는가? 부모에게 어린 시절 자신이 가장 자주 한 활동이 무엇이었는지 물어보자. 좋아했거나

잘했던 활동을 묻는 것이 아니라는 것을 염두에 둔다. 많은 시간 뇌를 쓴 활동이 중요하다. 물론 좋아하거나 잘해서 많은 시간 그 활동을 하며 보냈을 수 있다.

- 초중고 성적표를 찾아보자. 어느 과목 또는 어느 활동이 상대적으로 더 좋은 평가를 받았는가? 어느 과목에 가장 많은 시간을 썼거나 가장 집중했는가? 어떤 과목과 관련하여 추가적인 활동에 많은 시간을 사용했는가? 학원을 다니거나, 책을 읽거나, 그림을 그리고 악기를 연주하거나, 운동을 했는가?

- 성년 이후 어떤 지식과 경험을 반복적으로 습득했는가? 대학이나 대학원에서 전공은 무엇이었나? 전공 공부에 많은 시간을 쏟았나? 아니면 다른 활동이나 취미 활동에서 더 많은 경험을 쌓았는가? 직업을 가졌다면 주로 어떤 일에서 경력을 쌓았는가? 그 일을 수행하는 핵심적인 재능 요소는 무엇인가? 경력과 경험이 꽤 많아진 전문적인 취미가 있는가?

- 스스로 뛰어나다고 생각하는 재능이나 대단하다, 잘한다고 칭찬이나 환호를 받았던 활동이 있는가? 상을 받았던 활동이 있는가? 또는 다른 사람을 가르치거나 코치하고 도와준 활동이 있는가? 그런 성취를 가능하게 만든 재능 요소는 무엇이라 생각하는가?

위 질문들에 답했다면 앞서 했던 것처럼 답변 문장에서 키워드를 뽑아보자. 재능 키워드가 7개를 넘는다면 더 낮은 가치의 재능은 버리자. 두 가지 재능을 같은 시간 동안 활용했을 때 도출되는 성취나 만족, 이득이 더 큰 재능이 가치가 더 크다. 경제적 효익, 평균과의 격차, 재능 발달에 투입된 시간, 독특한 정도, 활용 범위 등을 고려하여 가치를 평가한다. 한 끼에 라면 20그릇을 먹을 수 있는 신체 재능은 경제적 효익과 활용 범위가 제한적이라 생각할 수 있지만, 평균치(라면 1그릇)와의 격차와 그 독특함 때문에 먹방 콘텐츠로 엄청난 경제적 효익을 창출하기도 한다.

나의 경우 선천 능력에서는 지능과 상상력을, 유년기 발달 능력으로는 지능, 상상력에 더해 손재주와 문해력을, 성인 이후 경험으로는 기획력, 심미안, IT 소프트웨어에 대한 이해를 재능 키워드로 꼽았다.

가치관 키워드

　　가치관이란 넓은 범위에서 자기 인생과 세상을 바라보는 자기 나름의 관점을 의미한다. 가치관이 형성되는 시기나 관점이 지닌 강도는 사람마다 차이가 있다. 자신의 가치관을 정확히 말할 수 있는 사람이 있는 반면, 가치관이 없다고 생각하는 사람도 있다. 하지만 세상을 보는 관점이라는 것은 말할 수 없다고 해서 존재하지 않는 것은 아니다. 누구나 자기만의 관점을 가지고 있다. 가치관이 없다는 사람은 그것을 인식하지 못하거나 그 강도가 약할 뿐이다. 사람이 죽으면 어떻게 될 것이라 생각하는가? 사후 세계가 있다고 믿는가, 없다고 생각하는가? 신은 있을까, 없을까? 이런 질문들에 자신의 생각을 이야기할 수 있다면 가치관을 가진 것이다. 대체로 나이가 들수록 가치관은 명확해지고 신념의 강도는 강해진다.

　넓은 의미의 가치관은 자신이 삶에서 중요하게 생각하는 가치라는 좁은 의미의 가치관 외에도 인생 사명, 비전, 인생관, 자아관, 인간관 같은 세상을 바라보는 다양한 측면의 관점들을 포함한다. 가치관 정립은 선천적인 유전자나 이미 형성된 뇌 구조 등 본능적인 것과 가장 동떨어져 있다. 가치관은 자라면서 보고 느낀 학습과 경험으로부터 형성된다. 우리는 역사를 배우고 위인전과 소설을 읽고 내가 선망하거나 존경하는 스타의 삶을 들여다보며 자신의 가치관을 다듬고 완성해 간다.

당신의 라이프 스타일을
사겠습니다

배우자나 동업자, 또는 함께 일할 직원을 뽑을 때 성격이 맞는 것이 중요할까? 아니면 가치관이 더 중요할까? 성격은 현상과 자극에 대응하는 방식이다. 외향적이거나 내향적이고, 이성적이거나 감성적이다. 이런 차이 때문에 갈등이 일어나기도 하지만, 서로 다름을 인정하면 갈등은 오래가지 않는다. 성격 차이가 상호 보완이 되기도 한다. 하지만 가치관이 다른 것은 꿈꾸는 삶의 모습이 다르고, 생활양식이 다르다는 것이다. 이러면 살아가는 동안 크고 작은 결정과 선택의 순간마다 다툼이 일어난다. 관점과 기준이 서로 다르기 때문이다. 삶에서 단순함과 비움을 추구하는 사람과 위엄 있고 럭셔리한 삶을 바라는 사람은 돈을 쓰고 시간을 보내는 사사건건 부딪칠 수밖에 없다. 이것은 서로를 이해하고 인정한다고 해결될 수 있는 차이가 아니다. 따라서 오래 함께할 사람은 성격보다 가치관의 차이를 확인할 필요가 있다. 오래 친하게 지내는 친구들은 성격은 달라도 가치관과 라이프스타일이 비슷하다. 고객을 평생 고객으로 삼아 인생 점유율을 늘려가는 라이프스타일 비즈니스 역시 고객과의 가치관 공유가 매우 중요하다. 라이프스타일 디자이너인 내 가치관, 내 라이프스타일과 전혀 다른 사람은 애초에 내 라이프스타일 비즈니스 고객이 되지 못한다고 전제한다.

다음 질문들에 답하면서 자신의 가치관을 생각해 보는 시간을 가져보자.

• 당신은 죽었고, 사후에 당신을 잘 알던 사람이 당신 인생에 대한 책을 썼다. 그 책의 내용을 한두 문장으로 요약하면 무엇일까? 어떤 업적이나 삶의 모습이 사람들에게 가장 기억될까? 그 업적이 반드시 거대할 필요는 없다. 무엇으로 삶이 가장 행복했을까?

- 당신에게 무엇이든 할 수 있는 충분한 돈과 여유가 생겼다. 어디서 무엇을 하겠는가? 혼자인가, 아니면 누군가와 함께인가? 꿈꾸는 삶의 한 장면을 마치 영화를 상영하듯, 또는 소설의 한 장면을 써 내려가듯 구체화해 보자.

- 존경하는 위인이나 닮고 싶거나 부러워하는 사람이 있는가? 따라 살고 싶은 영화나 TV 시리즈, 소설 속 캐릭터가 있는가? 그들을 존경하는 이유는 무엇인가? 그 사람의 어떤 면이 닮고 싶은가?

- 당신에게 가슴 뛰는 일은 무엇인가? 상상만으로도 미소가 지어지는 활동이 있는가? 어떤 일을 할 때 몰입을 경험하며 시간이 어떻게 지나가는지 모르는가? 끼니때를 잊고 잠을 자지 않아도 할 수 있는 일이 있는가? 그런 경험이 있는가? 그 일이나 활동, 취미의 어떤 점이 자신을 깨우는가? 설령 복권에 당첨된다고 해도 그 일을 계속할 것인가?

- 다음의 가치들 중 살면서 지키고 추구하고 싶은 가치는 무엇인가? 돈보다 중요한 가치는 무엇인가? 가족이나 다른 사람에게도 권하고 싶은 가치가 있는가? 선택된 가치 중 두 가지가 충돌할 때 어느 쪽에 손을 들어주겠는가? 이런 질문으로 선택된 가치를 5가지 이내로 추려보자. 건강, 부, 럭셔리, 우아함, 세련됨, 명성, 사랑, 지구환경, 단순함, 비움, 중용, 정직, 자유, 도전, 열정, 지성, 지혜, 진리, 창조, 호기심, 재미, 쾌락, 배움, 성장, 용기, 끈기, 성실, 가족, 조화, 안전, 관계, 소통, 우정, 의리, 협력, 상식, 양심, 인류애, 봉사, 기여, 도움, 육성, 신앙, 선행, 심미, 일, 전문성, 능력, 기업가정신, 리더십, 성취, 탁월, 완벽, 최고, 권력, 명예, 품위, 위엄, 존경, 자존심, 온화, 열린 마음, 다양성, 감사, 안분지족, 겸손, 예의, 포용, 공존, 지속 가능, 검소, 청결, 효율, 효용, 법,

정의, 공정, 평등, 진보, 보수, 신뢰, 윤리, 개성, 긍정, 평안, 책임감, 독립성, 최선

다음은 스티브 잡스의 가치관을 그의 삶을 보고 유추하여 작성해 본 것이다. 밑줄 친 부분들로부터 도전, 창조, 심미, 성취, 탁월, 명성, 검소와 같은 키워드를 뽑아볼 수 있다. 반면에 그는 가족, 관계, 사랑, 겸손이라는 가치와는 거리가 먼 삶을 살았다. 패션에 신경 쓰지 않기 위해 같은 옷을 여러 벌 사서 돌아가며 입었다. 또한 아이러니하게 그에게 〈채식〉이라는 가치는 〈건강〉이라는 가치보다 우선순위가 높았다. 그래서 사망 직전 췌장 수술 후 단백질 보충을 위해 고기를 먹어야 함에도 불구하고 그는 채식을 고집했다.

나는 세상을 바꾸고 싶다. 이것이 이번 생에서 나의 업이다. 세상 사람들이 상상조차 못 하는 혁신적인 것을 만들고, 그 대가로 엄청난 부와 권력을 얻을 것이다. 그 혁신적인 작품은 나의 상상력과 높은 미적 기준을 충족해야 한다. 이것을 달성하려면 가족은 후순위에 두어야 하겠지만 어쩔 수 없는 희생이라 생각한다. 대인 관계도 크게 신경 쓰지 않는다. 내 인생 목표를 달성하는 것이 주변 사람들을 챙기는 것보다 우선한다. 업적은 역사에 남지만, 내가 베푼 호의는 남지 않는다.

쓸데없는 소비는 하지 않는다. 수수하고 검소하게 생활한다. 채식으로 소식하고 옷이나 외모도 검소하게 유지한다. 방 안 인테리어도 가구 없이 조명 하나면 족하다. 나에게 부는 과시하고 소비하기 위한 것이 아니라, 나의 뛰어난 능력을 증명해 주는 수단일 뿐이다. 따라서 재산은 유산으로 물려주지 않고 재단을 만들어 넘길

것이다.

설령 오래 살지 못하더라도 나는 나의 라이프스타일을 고수할 것이다. 나의 장례식에서 나를 욕하는 사람들이 있을 수도 있고, 가족이나 지인들은 오지 않을 수도 있다. 하지만 전 세계 사람들은 나의 업적을 기억하고 나의 죽음을 기릴 것이다. 세상은 나를 〈세상을 바꾼 미치광이〉로 기억할 것이며, 그것은 나에 대한 최고의 찬사가 될 것이다.

자신의 가치관에서 키워드를 추출하고 우선순위가 높은 7개 이내의 키워드만 선정한다. 나의 경우는 지성, 탁월, 심미, 콘텐츠/책, 창조, 자유가 가치관 키워드로 선택되었다. 스티브 잡스는 내가 존경하는 사람이어서 그와 가치관에서 여러 키워드가 겹친다.

당신의 라이프 스타일을
사겠습니다

summary
나의 인생 키워드 발견하기

이제 우리는 〈나〉를 정의하는 버킷 리스트, 성격, 재능, 가치관으로부터 키워드들을 선정했다. 이것들을 모두 원의 둘레에 적어보자. 중복되거나 포함 관계에 있는 키워드는 하나로 정한다. 다른 키워드를 위한 수단이거나, 결과로서 누리고 싶은 소망 등 나를 정의하는 키워드로서 우선순위가 낮은 것은 제거한다. 다음은 나의 키워드들을 정리해 본 것이다.

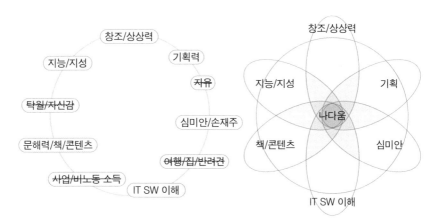

이렇게 선정된 키워드의 조합이 나를 다른 사람과 구별하는 인생 키워드이며, 당신이 추구하는 삶의 모습이고 라이프스타일이자, 라이프스타일 비즈니스의 핵심이 된다. 키워드 개수가 너무 적으면 차별화가 덜 되고, 너무 많으면 명료함이 떨어지고 대상 범위가 좁아진다. 인생 키워드의 수는 3개에서 7개 사이가 적당하다. 키워드 수가 적어도 조합이 희소하면 가치가 있다.

이제 남겨진 최종 키워드들을 다음 문장의 빈칸에 여러 조합으로 넣어보자.

나의 〈무엇〉을 활용하여 세상에 〈어떠한〉, 〈무엇〉을 〈어떻게〉, 〈무엇〉한다.

홍콩 애버딘 경사길에 위치한 합 모요鯪 MOYO라는 퓨전 한식당은 한국인 청년 프랜시스코 리Francesco Lee가 경영한다. 프랜시스코는 이탈리아에서 한식당을 운영하는 부모 밑에서 태어났고, 이탈리아에서 요리 공부를 하면서 한국에서 요리 유학을 온 파트너들을 만났다. 그들은 한국과 이탈리아가 결합된 새로운 요리를 선보이고 싶어, 동서양 문화가 공존하는 홍콩에 식당을 차렸다. 이들의 인생 키워드는 요리, 한국, 이탈리아, 퓨전, 창의이고, 이들의 라이프스타일 비즈니스 핵심은 다음과 같다.

자신들의 〈한국과 이탈리아 요리 문화와 지식〉을 활용하여 세상에 〈창의적인〉,

〈퓨전 요리〉를 〈동서양 문화가 만나는 곳에서〉 선보인다.

당신의 라이프 스타일을
사겠습니다

MOYO

프렌시스코 리와 파트너들은 이태리+한국
+요리라는 자신들의 독특한 인생 키워드
조합을 살려 홍콩 애버딘가에 자신만의 라
이프스타일 비즈니스를 펼쳤다. 케이터링
서비스와 도시락, 와인과 소주로 퓨전 한
식 라이프스타일 제안을 확장하고 있다.
(moyohk,com, @moyohk)

모요에서는 바게트 빵 위에 김치와 토마토를 올린 브루스케타, 이탈리안 부루타 치즈와 한국 무화과로 만든 샐러드, 피넛 버터와 한국 된장으로 볶은 방울양배추, 막걸리 조개 수프, 된장 양념이 올려진 브라운 보쌈, 스페인 고추와 한국 새우젓 튀김. 이름만으로는 맛과 모양을 상상할 수 없는 퓨전 요리들을 선보인다. 合은 집 모양을 상징하는 동시에 〈모이다〉라는 의미를 가진 한자이다. 모요MOYO는 〈모여〉라는 한국어를 영어로 발음하기 쉽게 바꾼 것이다. 가게 이름조차도 한국어, 한자, 영어를 절묘하게 섞어 만들었다.

영화배우 귀네스 팰트로Gwyneth Paltrow가 자신의 〈상류 사회 경험과 지인 네트워크〉를 활용하여 세상에 〈럭셔리, 웰빙〉, 〈여성 라이프에 대한 콘텐츠와 제품〉을 〈고급스럽게〉 제공하는 라이프스타일 비즈니스 브랜드가 〈굽Goop〉이다. 그녀는 한마디로 금수저 연예인이다. 그녀의 어머니가 배우이고, 영화감독 스티븐 스필버그를 대부로 둔 덕에 19세라는 나이에 데뷔했다. 26세에 영화 「셰익스피어 인 러브」로 아카데미 여우주연상을 수상했고, 「어벤져스」 시리즈 등 많은 영화에 출연했다. 많은 유명인들과 사귀었고, 결혼하고, 이혼하고, 재혼했다. 그녀의 재산은 수천억 원에 달하는 것으로 알려져 있다. 굽은 럭셔리

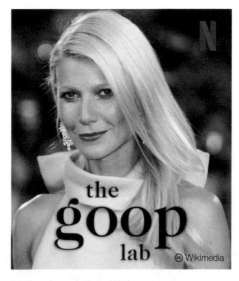

「귀네스 팰트로의 웰빙 실험실(the goop lab with Gwyneth Paltrow)」, 「섹스, 러브, 웰빙 실험실(Sex, love & goop)」이라는 넷플릭스 TV 시리즈를 통해 굽의 제안을 엿볼 수 있다.

당신의 라이프 스타일을
사겠습니다

라이프에 대한 지인들의 질문들에 그녀가 대답해 주는 주간 뉴스레터로 시작했다. 자체 브랜드 제품과 오프라인 매장까지 확장한 굽에는 그녀의 럭셔리 라이프가 그대로 녹아 있다. 그녀와 같은 라이프스타일을 지향하는 여성들이 굽의 팬이 된다.

이것은 조직일 때도 크게 다르지 않다. 조직 구성원들의 생각보다 가장 큰 의사결정 권한을 가진 대주주 또는 최고 경영자의 인생 키워드가 이를 결정한다. 기업이나 조직의 최고 의사결정권자가 모든 다른 가치보다 이익을 중시한다면 아무리 다수 구성원들이 다른 가치를 수호하려 해도 이익 앞에서 무너지게 된다. 결국 구성원들의 의사결정 기준도 이익에 맞춰지게 된다.

파타고니아 창립자며 대주주인 회장 이본 쉬나드Yvon Chouinard는 2019년 기업 사명문을 더 간단명료하게 수정했다(《우리는 지구를 지키기 위해 사업을 한다 We're in business to save our home planet》). 이본의 인생 키워드에는 지구 환경 보호 외에도 검소, 만족, 등산, 대장장이 같은 키워드가 더 있겠지만, 그는 파타고니아 직원들이 다른 가치는 돌아보지 않고 오로지 〈지구 환경 보호〉 하나에만 전념하도록 한 문장짜리 사명 선언문으로 수정한 것이다.

내 인생 키워드로는 "나의 〈IT 이해도와 심미안〉을 활용하여 세상에 〈상상력과 지식 = 통찰insight〉을 〈창의적인〉, 〈콘텐츠〉로 〈기획〉하여 제공한다" 또는 키워드들의 위치를 바꿔 "나의 〈상상력과 지성〉을 활용하여 세상에 〈창의적이고 아름다운〉, 〈책이나 콘텐츠〉를 〈IT SW 기반으로〉, 〈창조〉한다"라고 나의 라이프스타일 비즈니스의 핵심을 정의한다. 그리고 그 결과 중 하나가 이 책이다.

제안할
라이프스타일 설계

lifestyle
proposition
designing
—

—

라이프스타일 비즈니스는 라이프스타일을
판다. 따라서 내가 팔고 고객이 살 〈라이프
스타일〉이라는 매력적인 상품을 준비해야
한다. 그렇다면 도대체 〈라이프스타일을 만
든다〉는 것은 무엇일까?
〈라이프스타일〉 설계는 전통적인 제품 기획
단계나 마케팅 공식을 따르지 않는다. 나의
인생 키워드와 라이프스타일에 기반한 행복
의 순간을 설계하고, 세심하게 큐레이션된
구성 요소들을 아우르는 하나의 총체적인
행복 경험을 제안한다.

나의 라이프스타일

지금까지 내 삶의 가치관과 인생 키워드에 대해 생각해 보았다면, 이제 〈나의 라이프스타일〉을 알아볼 차례이다. 나의 라이프스타일이란 내가 이상적으로 그리는 삶의 모습 자체, 또는 그런 삶에 가까워지기 위해 나의 소중한 자원인 돈과 시간을 소비하는 행위로 정의할 수 있다.

당신이 꿈꾸는 이상적인 삶을 상상해 보자. 언제 어디서 누구와 무엇을 어떻게 왜 하는가? 꿈꾸는 1년을 보내며 어떤 순간이 가장 당신을 행복하게 만들지 그 활동들을 나열해 보자. 그리고 그런 활동을 하는 특별한 하루를 구체적으로 상상해 보자. 매 순간 오감으로 무엇을 느끼는가? 그런 활동은 당신의 인생 키워드와 어떻게 연결되는가?

인터넷에서 발견한 「1년 12개월 휘게 도전하기12-MONTH Hygge Challenge」라는 글에서 휘게 라이프스타일을 통해 계절별로 행복을 느끼는 활동을 엿볼 수 있다.

- 1월: 크리스마스 장식과 전구 그대로 켜 두기
- 2월: 따뜻한 차 즐기기
- 3월: (전기 조명 없이) 촛불로 살기

당신의 라이프 스타일을
사겠습니다

- 4월: 야외에서 운동하기

- 5월: 발 관리하기

- 6월: 사랑하는 사람들과 휴대폰 없는 저녁시간 갖기

- 7월: 나의 삶을 변화시킨 누군가에게 감사 메시지 보내기

- 8월: 봉사 활동에 참여하기

- 9월: 오직 〈나〉만을 위한 주말 보내기

- 10월: 나만의 편안하고 아늑한 장소 만들기

- 11월: 새로운 레시피로 빵 만들기

- 12월: 작은 파티를 열어 새로운 사람을 집에 초대하기

북유럽의 추운 날씨 때문에 사람들은 밖에서 활동하는 것보다 집 안에서 보내는 공간과 시간을 더 선호한다. 그 때문에 스웨덴 이케아IKEA 같은 북유럽 가구들은 오래 써도 질리지 않는 편안한 디자인을 추구한다. 친구들과 소박하지만 정답고 유쾌한 식사 시간을 함께하는 것이 휘게, 피카, 라곰과 같은 북유럽 라이프스타일을 대표하는 활동이다. 꽃과 식물로 식탁을 꾸미고, 앵두 전구나 향초를 켠다. 호스트의 부담을 덜기 위해 장소를 대여하는 프라이빗 키친과 각자 음식을 가져와 나누는 팟럭Potluck 파티 형식이 애용된다. 휴대폰이나 TV 등 전자기기에서 해방되어 오롯이 친구와의 대화를 즐긴다.

이런 지인들과의 식사 자리에서 출발해 콘텐츠 매거진으로 확장한 것이 《킨포크Kinfolk》이다. 킨포크라는 단어는 가족만큼이나 가까운 친구들이라는 의미이다. 미국 포틀랜드의 윌리엄스 부부는 지인 크리에이터들을 초

대해 조촐한 식사 자리를 마련했다. 참석했던 사람들은 "그래, 이게 내가 꿈꾸던 삶이야", "계속 이렇게 살고 싶어"라며 윌리엄스의 라이프스타일 제안을 받아들였고, 또 다른 크리에이터 친구들을 다음 식사 자리에 초대했다. 그렇게 비슷한 라이프스타일을 가진 사람들로 지인 네트워크가 확대되며 의기투합한 결과가 바로 《킨포크》이다.

책을 인생 키워드로 삼는 사람들은 어떤 순간을 꿈꿀까? 나는 파도 소리가 들리는 해안가나 아침마다 산 내음이 올라오는 산중에서 보고 싶었던 책들을 잔뜩 쌓아 두고 그 책들을 모두 읽을 때까지 몇 날 며칠 아무것도 신경 쓰지 않고 살아보는, 그런 삶을 꿈꾼다. 거기에 맛있는 커피와 반려견이 함께라면 더할 나위 없이 좋다. 그래서 가끔 나는 바다 전망의 편한 의자가 있는 한적한 카페를 찾아 홀연 떠나서 한 권의 책을 다 읽고 돌아오기도 한다. 전망이 좋은데도 사람이 북적이지 않아 자주 찾는 강화도 카페가 있다. 이곳은 나에게 꿈꾸는 삶을 잠깐이나마 경험하게 하는 라이프스타일 비즈니스인 셈이다.

피곤한 몸을 이끌고 사람들에 부대껴 퇴근하기 정말 싫은 날이 있다. 그냥 순간 이동해 어딘가 몸을 눕히고 좋아하는 책을 보다가 잠들고 다음 날 순간 이동해 출근했으면 하는 상상을 해본다. 이런 삶의 순간을 실현한 곳이 있다. 일본의 북앤베드 도쿄Book and Bed Tokyo, BNBT는 회사들이 많은 도쿄 중심지에 위치한 일종의 게스트하우스이다. 하지만 다른 숙소와는 조금 다른 모양을 하고 있다. 마치 해리포터 기차역 9와 3/4 승강장처럼 순간 이동하듯 전혀 문 같지 않은 입구를 통과해 책 공간으로 들어간다. 책들이 빼곡히 꽂혀 있는 책장 사이사이에는 한 사람이 들어가 누울 수 있는 다락

IT, 소프트웨어 기술의 발원지가 실리콘밸리 산호세라면
〈포틀랜드〉는 문화의 실리콘밸리라 할 수 있다.
이 도시에서는 인간이 유희할 수 있는 모든 것들이 시도된다.
수많은 마이너 브루어리(brewery)와 커피 브랜드가 있고,
소금 아이스크림과 생전 처음 보는 도넛들을 만날 수 있다.
회화, 공예, 조각 예술가들이 모여들어 갤러리와 마켓을 열고,
새로운 형태의 음악도 거리와 소극장에서 다양하게 시도된다.
수많은 러닝, 사이클링, 스포츠 클럽이 있고,
한밤중에 알몸으로 자전거를 타는 축제가 열리는가 하면
십여 명이 페달을 돌려 자전거와 배를 타고 맥주를 마시는
브루사이클(brewcycle)과 브루바지(brewbarge)가 인기다.

북앤베드 도쿄(bookandbedtokyo.com, @bookandbedtokyo)

방 공간들이 있다. 여기에는 침구와 전원 콘센트, 금고, 따뜻한 황색 조명이 있고, 별도로 샤워 시설도 있어서 편하게 하룻밤을 지내기 위한 모든 것이 준비되어 있다. 공용 공간에서는 손에 잡힌 책을 읽거나, 여러 지역에서 온 새로운 친구도 만날 수 있다. 1박에 4만 원 정도면 이런 꿈같은 하루를 보낼 수 있다. 지척에 카페와 식당들이 있어 간단하게 끼니를 때울 수도 있고, 낮에도 이용 가능하다.

감명 깊게 읽었던 소설 속 세상으로 들어가 보고 싶다는 생각을 한 적이 없는가? 최근에는 소설이 인기를 얻으면 웹툰, 영화, 드라마, 게임으로 소설 속 세상이 시각화되기도 한다. 하지만 이것은 오감 중 오로지 시각적인 경험일 뿐이다. 그래서 내가 그 공간에 들어왔다는 느낌은 적다. 그래서 책 속 장소를 현실에 구현하려는 다양한 시도가 펼쳐지고 있다. 김수지 작가의 판타지 로맨스 소설 《상수리나무 아래》 속 공간을 코엑스몰 별마당 길에 그대로 구현하여 전시하기도 하고, 고흐가 프랑스 남부 아를에서 지내며 그린 그림 속 풍경들을 사방 거대한 벽과 바닥에 빔프로젝터로 쏘고 풍경 속 소리를 들려주어 마치 고흐가 봤던 프로방스 경치를 보며 그곳을 걷는 듯한 느낌을 주는 전시도 있다. 앞으로 3D 가상현실과 뇌-컴퓨터 연결BCI, brain-computer interface 기술이 더 발달하면 이런 경험은 더 현실감 있게 전달될 것이다. 자신이 소설의 주인공이나 주변 인물이 되어 소설 속 삶을 경험하는 것도 가능하게 될 것이다.

책을 공간으로 연결하는 시도는 5평짜리 일본의 모리오카 서점Morioka Shoten Ginza에서도 일어난다. 이 서점의 주인인 요시유키 모리오카Yoshiyuki Morioka는 이 공간에서 자신이 선정한 오직 한 권의 책을 판다. 그리고 서점 공간을 책과 관련된 오브제objet들로 채운다. 오브제들은 판매 대상이 되기도 한다. 저자와의 간담회 이벤트나 책과 관련된 와인이나 차 시음회도 벌인다. 그는 전 세계를 돌며 초소형 독립 서점을 응원한다. 나는 한국에 방문했던 그를 연남동의 한 독립 서점에서 만났다. 간담회가 끝난 후 그의 책에 사인 받는 데 오랜 시간이 걸렸는데, 그가 사인 받는 사람의 초상화를 일일이 그려주었기 때문이다. 그 독특한 사인 덕에 그때 책은 매우 의미 있는 것이 되었다.

〈모리오카 서점〉 주인, 요시유키 모리오카가 쓴 책을
직접 독립 출판하고 모리오카를 서울로 초청해
작은 세미나를 개최한 연남동의 한 독립 서점.
나도 참여해 자기 책에 독자의 초상화를 그려주는
모리오카의 독특한 사인을 받았다.
(@littlebkshop, @moriokashoten)

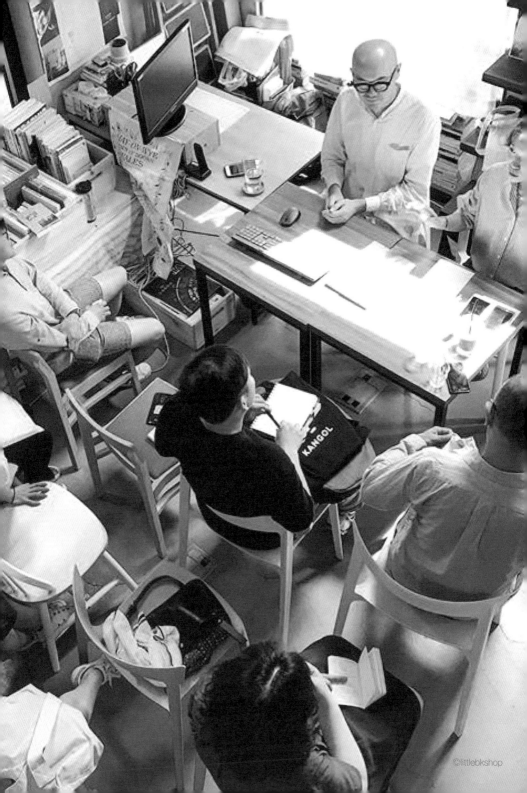

가끔 누구의 방해도 받지 않고 마음 편하게 독서와 생각에만 집중하고 싶은 때가 있다. 서울 선릉역 근처에 위치한 〈최인아 책방〉 3층의 〈혼자의 서재〉에서는 이런 공간과 시간, 라이프스타일을 제안한다. 시간당 1만 원 정도의 요금을 내면 완전한 독실은 아니지만, 책이 가득한 서재의 편안한 카우치에 앉아 해 드는 창가에서 커피 한 잔과 함께 독서를 즐길 수 있다. 책이라는 소재 하나에도 이렇게 다양한 꿈꾸는 삶의 모습들이 있다.

당신에게 하루의 자유 시간이 있다면 무엇을 하겠는가? 영화 「사랑의 블랙홀」이나 「엣지 오브 투모로우」처럼 같은 날이 반복된다면 무엇을 하며 시간을 보내고 싶은가? 일주일의 자유 시간이 있다면? 한 달의 휴가를 받았다면? 1년이 생긴다면? 당신이 보내는 시간과 공간은 무엇으로 채워져 있는가?

당신에게 반드시 소비해야 하는 10만 원의 여윳돈이 생겼다면 당장 무엇을 사고 싶은가? 100만 원, 1,000만 원, 1억 원, 10억 원의 여윳돈이 있다면 무엇에 소비하고 싶은가? 그것은 당신이 꿈꾸는 삶을 지원하는가? 10억 원으로 서울에 아파트를 사려는 사람은 아마도 도전보다는 안정된 삶을 꿈꿀 것이다. 10억 원을 사업에 투자하겠다는 사람은 안정보다는 야망을 가지고 도전하는 삶을 꿈꾼다. 세계 여행을 떠나고 싶은 사람은 새로운 경험과 자극으로 흥분되는 삶을 원한다. 자기보다 부모님이나 가족을 위해 쓰고자 하는 사람은 가정을 소중히 생각하는 사람이다. 이런 소비 행태를 통해 자신의 가치관과 라이프스타일이 드러난다. 그래서 돈과 시간 소비의 공동체인 배우자와는 가치관 일치가 장기적인 관계 유지에 중요한 것이다.

당신의 라이프 스타일을
사겠습니다

자신이 꿈꾸는 삶의 한 장면, 그 장면을 구성하는 전체 또는 일부가 바로 라이프스타일 비즈니스가 된다. 그리고 그런 삶을 꿈꾸고 동경하는 사람들이 그 라이프스타일 제안을 수용해 평생 고객이 되는 것이다.

라이프스타일 구성 요소

     돈과 시간을 소비하여 느끼는 행복한 순간에 오감으로 느끼는 모든 것이 라이프스타일 비즈니스의 구성 요소가 될 수 있다. 무엇을, 누구를 보고 있는가, 어떤 소리나 음악이 들리는가, 어떤 향과 맛이 느껴지는가, 어떤 도구를 사용해 어떤 행동을 하는가, 온몸의 감촉으로 무엇을 느끼는가?

    백화점에 온 사람들이 가장 먼저 통과하는 1층에는 늘 향수와 화장품 코너가 있다. 그래서 백화점에 들어서면 가장 먼저 고급스러운 향이 기분을 깨운다. 잔잔한 클래식 피아노 선율과 높은 천장 그리고 럭셔리 브랜드 로고들은 럭셔리 라이프스타일을 가진 사람들의 기분을 격앙시킨다. 여기에 자신을 왕과 공주처럼 대하는 직원의 따뜻한 인사를 받으면 진짜 그렇게 된 것 같은 착각에 빠진다. 여기서 사소한 차이로 몇 가지 구성 요소가 조화를 이루지 못하면 전체적인 만족감은 급격하게 떨어진다. 예를 들어 지하 1층의 음식 냄새가 올라와 향수 향기와 섞이고, 힙합 비트나 트로트가 배경음악으로 쿵쾅거리고, 층고가 낮아 공간이 답답한 느낌을 주거나, 환하게 켜진 백색등이 학교나 회사 같은 느낌을 주고, 직원들이 고객을 무시하듯 대하고, 촌스러운 조화와 가짜 식물들이 널려 있으면 그 공간은 미묘한 차이로 럭셔리함을 즐기려는 고객들의 라이프스타일에서 배제된다.

    라이프스타일 제안은 자신과 고객이 꿈꾸는 삶의 모습을 단 1초 만이라

당신의 라이프 스타일을
사겠습니다

도 오감으로 실감하게 하고 그들의 가슴을 뛰게 만드는 것이다. 음식이 자신의 라이프스타일에서 중요한 구성 요소인 사람들은 하루 세 끼 먹게 되는 〈밥〉이 오감 만족의 중요한 대상 중 하나이다. 이런 라이프스타일을 만족시키기 위해 일본에는 쌀 전문점 〈아코메야Akomeya〉가 있다. 마치 포도의 품종과 생산지, 그해 날씨에 따라 와인 맛이 달라지듯 밥의 맛과 향도 쌀에 따라 미묘하게 달라진다. 아코메야에서는 일본 각지에서 생산된 쌀을 원하는 도정 단계를 선택해 구매할 수 있다. 소규모로 포장된 샘플러를 사서 먹어보고 자신의 라이프스타일에 맞는 쌀을 선택하기도 한다. 아코메야 매장에는 쌀 외에도 건강하고 고급스러운 식사와 관련한 6,000여 제품을 함께 판매하고 있다. 정성스럽게 내는 한 끼 식사에 진심인 사람들은 이곳에서 맛으로, 향으로, 품종과 재배지에 대한 스토리와 도정 과정을 보고 듣고 만져보는 것으로 오감이 만족된다.

만약 한식 라이프스타일을 가진 사람이 주식이 밥이 아닌 나라에 장기 출장이나 여행을 가게 되면 어찌해야 할까? 햄버거와 피자만 먹으며 참고 생활해야 할까? 아니면 쌀과 전기밥솥을 싸가야 할까? 아니다. 이제는 햇반이 있다. CJ제일제당의 기업 미션에서 'K-Food로 한국의 맛을 세계화하고, 건강하고 편리한 라이프스타일을 나누겠다'는 문장을 찾을 수 있다. 밥을 주식으로 하는 사람들이 해외에서도 김이 모락모락 올라오는 하얀 쌀밥과 김치, 만둣국에 한 끼 식사를 하는 라이프스타일을 만족시키고, 나아가 이런 라이프스타일을 경험해 보지 못한 외국인에게도 "한 끼를 먹더라도 이렇게 간단하고 건강하게 식사해 보는 건 어때?"하고 제안하는 것이다.

▲ 파리 시민들이 루브르 박물관에 와서 명작을 모사하고 있는 모습을 담은 루브르 박물관의 회화 작품들

◀ 프랑스 본고장의 엔틱 럭셔리를 유감없이 보여주는 파리의 라파예트 백화점 내부
▼ 파리 전경이 내려다 보이는 라파예트 백화점 옥상.
옥상의 익스테리어와 장식수조차 예사롭지 않다.
예술이 라이프스타일의 일부인 많은 파리 시민들이 옥상에서 그림을 그린다.

(galerieslafayette.com, @galerieslafayette)

CJ제일제당 홈페이지의 회사 소개 페이지 중 　　　　　　　　©CJ제일제당
(cj.co.kr/kr/about/cj-cheiljedang/overview)

요즘 홀로 사는 직장인들은 매 끼니마다 정성스럽게 밥과 반찬을 지어 먹기보다 빵과 커피로 식사하는 것을 선호한다. 이들 라이프스타일에서 쌀보다는 빵과 커피 그리고 이들이 자아내는 감성이 더 중요한 라이프스타일 구성 요소가 된다. 이들이 꿈꾸는 아침은 허겁지겁 빵을 입에 물고 인스턴트 커피를 텀블러에 타서 출근길에 나서는 모습이 아니다. 아침에 여유 있게 일어나 창문 커튼을 연다. 식빵을 적당히 구워 버터를 한 조각 올려 녹이고, 커피 드립을 위해 전기 포트에 생수를 따라 끓인다. 빵이 구워지고 물이 끓는 동안 아침 햇살을 받으며 스트레칭을 한다. 물이 끓으면 갈아놓은 커피 가루를 드리퍼에 올리고 조금씩 물을 따르며 커피 향으로 집을 채운다.

독신자들의 이러한 감성 라이프스타일을 노린 소형가전 브랜드가 〈발뮤다Balmuda〉이다. 발뮤다의 대표 제품인 전기포트의 주둥이는 가느다란 S모양의 빨대 같다. 사발면이나 믹스 커피에 빠르게 따르기에는 영 불편하다. 왜냐하면 이런 주둥이 모양은 손목의 각도를 약간만 조정해도 물의 양을 발뮤다는 디자인에 라이프스타일을 담는다.
〈더 토스터〉의 다이얼에는 토스트, 피자 토스트, 바게트,
크루아상이 그려져 있다.
"당신은 아침으로 빵 먹는 라이프스타일을 가졌군요."
더 이상 무슨 설명이 필요한가?

(balmuda.com, @balmuda)

발뮤다 〈더 팟〉의
가늘고 S자로 구부러진 주둥이는
아주 작은 손목 움직임으로도
물의 양을 조절할 수 있도록 고안되었다.
왜? 당신이 커피를 드립해 마시는
라이프스타일을 가졌기 때문이다.

BALMUDA

발뮤다 디자인이 추구하는 이런 감성에서
아이들이 뛰어노는 가정집을 떠올리기는 어렵다.
경제적으로, 시간적으로 여유 있는
젊은 1인 가구가 자연스럽게 연상되며,
가격도 거기에 맞춰 포지셔닝되어 있다.

© balmuda

조절할 수 있고, 물이 튀지 않고 일정하게 나오도록 설계했기 때문이다. 한 마디로 커피 드립 전용 전기포트인 셈이다. 커피를 글라인더에 갈고 드리퍼로 내려 먹는 사람이 아니라면 발뮤다의 전기포트는 쓰기 불편하고 값비싼 사치일 뿐이다. 그리고 발뮤다의 토스터는 식빵을 세워 넣어 딱딱하게 굽는 방식이 아니다. 일반 토스트, 버터 토스트, 피자 토스트, 크루아상 등 아이콘이 그려진 다이얼을 원하는 요리법에 맞추고 빵을 오븐처럼 눕혀 넣는다. 그리고 아주 작은 컵으로 위쪽에 물을 따르고 굽기 시작한다. 그러면 토스터 안에서 수증기가 나오며 촉촉한 토스트가 만들어진다. 이 외에도 감성 캠핑 랜턴, 진공관이 반짝이는 감성 블루투스 스피커, 소리 없는 무선 충전 선풍기 등 1인 가구 라이프스타일을 구성하는 가전들로 라이프스타일 제안을 확장하고 있다.

자신이 꿈꾸는 어느 하루 아침을 영화를 상영하듯 구체적으로 상상해 보자. 어떤 침대에서 일어났는가? 침구의 감촉은 어떠한가? 잠옷으로 무엇을 입고 있는가? 침실 인테리어는 어떠한가? 어떤 가구와 식물이 있는가? 조명은 어떠한가? 어떤 향이 나는가? 잠에서 깬 당신은 제일 먼저 무엇을 하는가? 배우자나 아이, 반려동물이 있는가? 그들은 어떠한가? 창밖에는 어떤 풍경이 펼쳐져 있는가? 창을 열면 어떤 소리와 냄새가 나는가? 아침으로 무엇을 어떻게 먹는가? 그 음식은 어디서 어떻게 구매한 것인가? 요리를 위해 사용하는 도구가 있는가? 무엇으로 어떻게 씻는가? 외출하기 위해 어떤 옷을 입고 어떤 신발을 신는가? 가방이나 액세서리는 어떠한가? 디자인이나 색상은 어떠한가? 선호하는 브랜드가 있는가?

영화 「리틀 포레스트」의 어느 겨울 아침 장면이다. 편의점 음식으로 끼

니를 때워야 하는 서울 생활에 지친 혜원(김태리)은 도시 생활을 정리하고 몸과 마음을 누일 미성리 시골 빈집으로 어느 겨울날 돌아온다. 그녀는 나무가 '탁탁'하고 타는 난로 옆에서 오랜만에 숙면하고 일어난다. 그녀는 햇살이 잘 드는 부엌에서 나무 보울에 밀가루를 반죽한다. 날이 추우면 수제비가 먹고 싶어지기 때문이다. 창밖 눈 쌓인 논밭 옆 큰 나무에서는 새들이 짹짹거린다. 반죽을 두세 시간 재워야 하기 때문에 혜원은 그동안 마당에 쌓인 눈을 눈삽으로 치운다. 어린 시절 남사친 재하(류준열)가 트럭을 잠시 멈추고 옛 친구의 귀향이 반가운 듯 말없이 씩 웃고 지나간다. 집에 들어와 고추장국에 수제비를 떼어 넣고, 지난밤에 눈을 파고 캐 온 노란 봄동 잎 2장을 밀가루 물에 적셔 팬에서 살짝 부친다. 혜원은 큼지막한 나무 수저로 수제비를 한입 떠서 먹으며 감탄사를 연발한다. 배추전도 젓가락으로 찢고 간장에 적셔 아삭아삭 씹는다. 그녀가 서울에서 늘 꿈에 그리던 아침 한 끼다. 자연에서 나는 것들로 한 끼, 한 끼 정성스럽게 차려 함께 나눠 먹는 이러한 자연주의 라이프스타일은 「삼시세끼」나 「나는 자연인이다」와 같은 TV 프로그램을 통해서도 제안되며 인기를 얻고 있다.

"날이 추우면 수제비가 먹고 싶어진다"- 영화 「리틀 포레스트」 중

ⓒ영화사 수박

당신의 라이프 스타일을
사겠습니다

아침 2~3시간 안에도 수많은 라이프스타일 구성 요소들이 들어있다. 자신의 라이프스타일에 따라 미묘한 차이라도 중요하게 여겨지는 요소가 있고, 무엇이 되든 상관없는 요소들도 있다. 아침을 먹지 않거나 대충 때우는 사람에게 음식이나 요리와 관련된 구성 요소는 별로 중요하지 않다. 관계나 사랑이 중요 가치인 사람에게는 〈무엇〉 요소보다 〈누구〉 요소가 더 중요하다. 〈누구〉와 아침에 나누는 상호 작용이 매우 중요한 라이프스타일 요소가 된다.

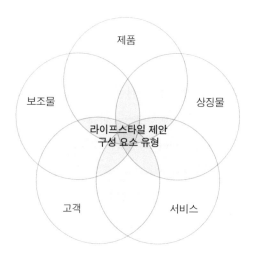

라이프스타일 구성 요소는 크게 제품과 서비스 그리고 고객과 보조물, 상징물로 나뉠 수 있다. 〈제품〉은 오감으로 느끼는 모든 사물이다. 라이프스타일 활동을 위한 직접적인 도구나 대상이 되기도 하지만, 하나의 배경이 되어 분위기를 조성하는 〈보조물〉이 되기도 한다. 커피가 인생 키워드인 사람의 라이프스타일 비즈니스에서 커피는 제안의 중요한 구성 요소인 제품이지만, 츠타야 다이칸야마점 안에서 퍼지는 스타벅스 커피향은 원하는 분위기를 만드는 보조물이다.

〈서비스〉는 시간을 채우는 활동이다. 식당에서 음식과 요리는 제품이지만, 식사하는 활동은 시간을 들이는 서비스이다. 책 자체는 제품이지만, 독서를 하고 책에 대한 의견을 나누는 시간은 서비스이다. 아무것도 하지 않는 휴식도 시간을 들이는 서비스가 된다.

다른 비즈니스와 달리 라이프스타일 비즈니스의 〈고객〉은 단지 제품과 서비스를 구매하는 소비자가 아니다. 그들은 비즈니스와 사업가의 가치관에 동의하고, 지속적으로 소통하며, 지인을 고객으로 끌어오는 영업사원이자, 이 비즈니스를 알리는 마케터이다. 큐레이션을 돕는 라이프스타일 디자이너로, 제품과 서비스 개선에도 기꺼이 참여한다. 고객들은 같은 라이프스타일로 살아가는 파트너이자, 라이프스타일 제안의 한 부분이다. 당신 비즈니스의 고객을 둘러보라. 그들은 당신의 라이프스타일 비즈니스가 제안하는 그런 삶을 꿈꾸거나 그렇게 사는 사람들인가? 그렇지 않다면 당신의 제안이 잘못 전달되었거나 지금 고객은 평생 고객이나 팬이 될 소지가 적은 것이다. 의도했던 제안에 맞지 않는 고객들이 자꾸 모이면, 정작 평생 고객이 되어야 할 고객들이 떠난다.

중년의 여유와 멋스러움을 제안하는 츠타야 다이칸야마점에 펑크 룩이나 갸루 패션을 한 청소년들이 넘쳐난다면, 여유를 즐기려는 중년들은 발길을 돌릴 것이다. 그래서 츠타야 다이칸야마점은 개점 초기, 원하는 고객 분위기를 만들기 위해 라이프스타일 제안에 맞는 가짜 고객들을 고용해 매장 분위기를 원하는 방향으로 유도했다. 그리고 불편한 대중교통 접근성을 개선하지 않고 그대로 두었다. 북앤베드에 값싼 숙박업소를 찾는 젊은 여행객들만 찾는다면 그곳은 그저 값싼 게스트하우스로 전락하고, 단골이 되어 자주 방문해 줄 진정한 라이프스타일 고객은 떠난다. 만약 〈혼자의 서재〉에 그저 잠깐 눈 붙이려는 주변 직장인들만 즐비하다면 책을 읽으러 온 고객들은 다른 제안을 찾아 나설 것이다.

마지막으로 라이프스타일이나 라이프스타일 제안을 대표하는 〈상징물〉이 구성 요소가 된다. 그것은 제품이나 서비스, 브랜드 같은 유형의 것일 수도 있지만, 색상이나 느낌, 향기 등 추상적인 어떤 것일 수도 있다. 어떤 것을 보거나 느꼈을 때 특정 라이프스타일 제안이나 브랜드가 떠오른다면 그것은 그 라이프스타일의 상징물, 즉 오브제objet가 된다.

츠타야 다이칸야마의 라이프스타일 제안 엿보기
〈보태니컬 가든 마켓〉

서점에서 괜찮은 책을 하나 골라
스타벅스 커피와 함께 나무 그늘 밑에서
여유롭게 읽는 순간을 꿈꾼 적이 있는가?
츠타야 다이칸야마점은
중년의 여유로운 라이프스타일을 제안한다.
그런 라이프스타일을 선망하는
젊은이들도 이곳을 찾는다.
여기서는 근처 시부야역에서 자주 볼 수 있는
가루 패션을 찾아보기 어렵다.
실내, 실외 어디에서도 식물의 초록을 볼 수 있도록
적당한 키높이의 나무와 화분을 배치했다.

(store.tsite.jp/daikanyama)

BOTANICAL GARDEN
in 代官山 T-SITE
Vol.2

방문 당시, 도쿄 근교의 식물숍들을 초청한
보태니컬 가든 마켓이 중앙 광장에서 열리고 있었다.
부담 없이 구매할 수 있는 작은 화분부터
키 큰 화분, 희귀 식물, 희귀 다육, 분재, 가드닝 용품숍들을
한자리에 모았다.
도쿄 여러 곳을 돌아다녔어야 할 수고를
츠타야가 대신해 주는 것이다.

라이프스타일 제안 보조물

라이프스타일 제안에 자주 활용되는 보조물들이 있다. 그 것은 라이프스타일 제안의 분위기를 만드는 중요한 구성 요소가 되기도 한다. 보조물의 미묘한 차이가 라이프스타일 제안의 전체 분위기를 고조 시키거나 제안을 확장하기도 하고, 반대로 잘못된 분위기를 전달하거나 망쳐 놓기도 한다. 따라서 라이프스타일 디자이너는 이런 보조물들이 제 안하는 라이프스타일을 적절하게 지원하고, 다른 구성 요소들과 조화를 이루는지 꼼꼼하게 살펴야 한다.

음악

음악을 듣지 않는 사람은 없다. 자신의 취향이 적극적으로 반영되는 분야이기도 하다. 구독 서비스가 늘면서 원하는 음악만을 골라 들을 수 있게 된 것도 음악 청취에 큰 변화를 가져왔다. 분위기에서 음악 또는 음향, 소리가 차지하는 비중은 생각보다 크다. 영화나 드라마 속 주요 장면이 배경음악 없이 진행되면 그 감정적 건조함을 견딜 수 없다. 같은 대 화라도 어떤 배경음악에 실려 전달되느냐에 따라 느낌이 크게 달라진다.

무인양품의 아트 디렉터로 있는 디자이너 하라 켄야(Hara Kenya)가 디자인한
MUJI 지평선 포스터

라이프스타일 제안 속에서 음악을 듣는 것 자체가 중요한 활동이 아닐지라도 들리는 배경음악은 그 순간의 경험에 중요한 영향을 끼친다.

따라서 라이프스타일 제안에 음악이나 소리, 잡음이 있다면 원하는 분위기를 구성하도록 신중하게 제어하고 선택할 필요가 있다. 단순함과 여백을 추구하는 무인양품 매장에서는 선율이 단조롭고 여백이 많은 명상음악이 반복된다. 만약 무인양품 매장에서 힙합이 울리고 할인행사를 안내하는 메시지가 계속 흘러나온다면, 이것은 무인양품이 제안하는 라이프스타일이나 팬이 꿈꾸는 행복한 순간과도 일치하지 않고 무인양품 제품, 무인양품을 찾은 고객, 무인양품의 상징물(하라 켄야의 무인양품 지평선 포스

터)과도 어울리지 않는다.

때로는 적당한 소음도 배경음악이 된다. 백색 소음white noise은 뇌에서 심신 안정을 주는 알파파를 유도하고, 산만할 때 나오는 베타파를 감소시켜 집중력을 향상시킨다. 파도 소리, 빗소리, 바람이 나뭇잎을 흔드는 소리, 장작 타는 소리에서 우리가 심신의 안정을 얻는 것은 이것이 백색 소음이기 때문이다. 완전히 적막한 공간보다 적당한 소음이나 자연 소리가 있는 카페에서 집중이 더 잘 되는 이유이다. 만약 라이프스타일 제안에 백색 소음이 필요하다면 대화가 많은 공간과 집중하는 공간의 거리, 천장과 벽의 소리 반사, 스피커의 배치 등 신중한 공간 설계가 필요하다.

반대로 원하지 않는 소리를 차단하는 것도 제안의 보조물이 될 수 있다. 노 키즈 존no kids zone을 설계하는 것은 아이들이 떠드는 소리를 라이프스타일 제안에서 제거하는 방법이 된다. 테이블 간 거리를 두거나 차음벽을 설치하는 방법도 있다. 할리 데이비슨Harley-Davidson이 제안하는 라이프스타일을 즐기는 사람들은 함께 모여 이동하며 바이크를 즐긴다. 이때 바이크 소리 때문에 서로 의사소통이 불가능하다. 이를 해소하기 위해 블루투스 헬멧과 헤드셋을 별도 판매하며, 이것을 착용하면 바이크를 타면서도 서로 대화할 수 있고, 한 사람의 음악 플레이리스트playlist를 다른 사람과 공유할수 있다.

참고로 개인 감상용 음악 구독 서비스를 15평 이상의 카페나 술집에서 배경음악으로 사용하는 것은 저작권법 위반이다. 이럴 경우는 월 몇천 원, 몇만 원의 공연권료를 한국음악저작권협회에 내거나 매장 성격에 적합한 음악을 전문적으로 큐레이션하는 매장 전문 서비스를 이용할 수 있다. 또는 유튜브에서 적당한 무료 카페 음악을 골라볼 수 있다.

식물

　　　라이프스타일 제안이 공간을 포함하는 경우 식물을 어떻게 활용하느냐가 공간 분위기를 크게 좌우한다. 라이프스타일 제안이 특정 지역의 라이프스타일을 모델로 하는 경우, 그 지역 식물을 그 지역에서 자라고 장식하는 방식으로 배치해야 한다. 프로방스Provence나 카탈루냐Cataluña 같은 지중해 라이프스타일을 제안하려면 고흐가 아를에 머물며 그린 그림에 자주 등장하는 사이프러스cypress가 조경수로 등장해야 한다.

왼쪽부터 차례로 지중해성 기후에서 자라는 사이프러스 나무,
남프랑스 아를(Arles)에서 고흐가 그린 〈사이프러스와 별이 있는 길〉,
가우디가 디자인한 바르셀로나 〈사그라다 파밀리아(La Sagrada Familia)〉 성당 중앙의
사이프러스 조각 장식.
그 지역의 자연은 그 지역 라이프스타일의 구성 요소이다.

당신의 라이프 스타일을
사겠습니다

미국 본토 할리 데이비슨 매장에서 본 그들의 라이프스타일 제안은 꽤 광범위하고 명확하다.
할리 데이비슨의 라이프스타일 제안은 모터사이클과 바이크 용품으로 한정되지 않는다.
대형 할리 데이비슨 매장에는 여느 잡화점에서 볼 수 있는 거의 모든 카테고리의 제품이 있다.
그들의 상징물인 해골, 메탈 음악, 타투(tattoo), 가죽 재킷, 두건, 풀 비어드(full beard) 수염에서 연상되는
자유분방하고 야생적인 라이프스타일을 구성하는 제품과 서비스, 보조물과 동료 고객까지
모든 요소가 완벽하게 한 방향으로 정렬되어 있다.
그런 라이프스타일을 동경하는 여성, 노인, 학생, 부부, 아이, 반려동물도 할리의 팬이 되며,
그들을 위한 제안 구성 요소 또한 준비되어 있다.
(harley-davidson.com, @harleydavidson)

평범할 수 있는 패션 편집숍이지만,
매장 전면에 히드라의 혀처럼 생긴 초대형 용설란과
그 뒤에 용의 꼬리 날개처럼 펼쳐진 여인초 때문에
매장의 개성이 드러난다.
오모테산도 근방

오모테산도 근방의
3층에 위치한 헤어숍.
통창으로 보이는
거대 박쥐란과
행잉(hanging) 식물이
간판을 대신하는 듯하다.

2층으로 가는
계단에 놓인
대형 기둥 선인장의 위엄이
대단하다.
다이칸야마 근방

매장 로고가 있는 보도에
벽을 세워 공간을 만들고
여기에 플랜테리어를 해서
브랜드 집중도와 선호도를
높였다.
오모테산도 근방

©Wikimedia

이곳은 식물원이 아니다. 초대형 열대수로 승객에게 휴식을 주는 스페인 마드리드의 아토차(Atocha) 기차역 대합실

좁은 틈새에 지어진 4층 건물
입구와 계단, 복도를
식물이 가득 메우고 있다.
이곳은 미래 아포칼립스 후의 건물일까?
아니면 〈마담 프루스트의 비밀 정원〉일까?

정답은 희귀 식물을 취급하는
도쿄 긴자의 화원이며 쇼룸이다.
(mokuhon.com,
@mokuhon)

©foursquare

창밖으로 보이는 소나무나 코스모스는 이국적인 분위기를 망치기에 충분하다. 제주 라이프라면 감귤나무, 유채꽃, 현무암 돌담이 떠오른다.

럭셔리 라이프스타일을 제안하는 곳이라면 뱅골 고무나무나 아레카 야자나무처럼 흔한 식물은 어울리지 않는다. 조화를 사용해도 안 된다. 흔치 않은 수형의 대형 식물이나 연필 선인장처럼 특이한 선인장, 박쥐란 같은 고란초과 식물이 공간을 더 특별하게 만든다. 아늑하고 아기자기한 공간을 원한다면 미니 화분이나 작은 유리병에 꽂힌 꽃들이 그런 분위기를 만들어 준다. 보리밭이나 대나무숲도 그 특유의 분위기가 있다. 최근에는 숲에 들어온 것 같은 느낌을 내는 대형 온실 카페나 식물원 카페도 인기다.

식물 테라피therapy와 플랜테리어planterior를 전문으로 하는 업체와 전문가도 늘고 있다. 공간과 라이프스타일에 맞는 식물을 추천해 주고, 재배 방법과 도구를 제공하며, 화분 디자인까지 추천한다. 식물이 일정 기간 내에 죽으면 교환해 주는 보장 서비스를 제공하기도 한다. 매장의 식물들을 전문적으로 관리해 주고, 교체나 치료까지 서비스하는 업체도 생기고 있다. 여행이나 출장으로 집주인이 장기간 집을 비울 경우를 대비해 식물을 대신 맡아서 관리해 주는 식물 호텔도 등장했다.

서울에 위치한 〈슬로우 파마씨Slow Pharmacy〉는 조급증에 걸린 현대인에게 약 대신 식물을 처방한다는 콘셉트의 라이프스타일 비즈니스이다. 실내외 공간 조경과 인테리어부터 전시회나 이벤트 아트워크artwork 등 식물로 하는 모든 것을 한다. 이곳의 이구름 대표는 꽃 가게를 운영하는 어머니와 언니로부터 식물이라는 인생 키워드를 받았다. 여기에 위로, 치료, 인테

성수동에 있는 〈슬로우 파마씨〉의 쇼룸(slowpharmacy.com, @slowpharmacy_store)

리어라는 자신만의 키워드를 더해 라이프스타일 비즈니스를 열었다. 식물을 관리할 여유는 없지만 살아있는 자연 초록을 보고 싶은 사람들을 위해 슬로우 파마씨는 수경 재배로 키울 수 있는 식물이나 그냥 두어도 자라는 이끼 정원을 판매한다.

럭셔리 희귀 식물만을 전문으로 하는 곳도 있다. 이런 곳에서는 아프리카나 아마존 식물, 희귀한 다육 식물, 초대형 열대 나무, 수형이 특이한 식물만 전문으로 취급한다. 지구상에서 발견된 특정 과의 모든 식물을 구해

바르셀로나 어느 골목에서 만난
행잉 식물과 틸란드시아(Tillandsia)를 전문으로 하는 화원.
매장 입구와 간판에 흙 없이 자라는 탈란드시아를 걸어두어
시선을 사로잡으면서 동시에 상점 제품의 특징을 한눈에 보여준다.
식물과 행잉/스탠딩 소품을 함께 판매한다.

(botanicumatelierfloral.com)

©botanicum

매장에 두겠다는 곳도 있다. 이런 식물은 포기당 수백만 원에서 수억 원까지 한다.

커피

라이프스타일 제안의 보조 구성물로서 커피는 여러 가지 역할을 한다. 우선 라이프스타일 제안에서 공백이 되기 쉬운 후각과 미각을 채운다. 그리고 고객의 부담 없는 재방문을 유도하고, 공간에서 머무르는 시간을 연장시킨다. 재방문율과 인생 점유율이 중요한 지표인 라이프스타일 비즈니스에서 두 가지 모두를 만족시키는 괜찮은 수단인 셈이다.

그래서 자신의 인생 키워드와 연결된 카페를 구상하는 것이 라이프스타일 비즈니스의 자연스러운 대안이 되고 있다. 북book 카페, 플라워 카페, 갤러리 카페, 온실 카페, 뮤직 카페, 브런치 카페, 베이커리 카페, 뷰 카페, 포토존 카페, 라이프스타일숍 카페, 사이클링 카페, 여행사 카페, 명품 브랜드 카페, LP 다방과 같은 다양한 형태의 카페가 등장하고 있다.

커피는 커피콩의 원산지, 블렌딩blending, 로스팅roasting 정도, 에스프레소를 내리는 방식, 사용되는 도구, 첨가물에 따라 맛이 달라진다. 음악이나 식물처럼 라이프스타일 제안에 맞게 커스터마이징customizing할 수 있다는 것도 장점이다.

샌프란시스코 해협 건너편 주거 지역인 오클랜드에서 시작된 블루보틀 Blue Bottle 커피가 처음 인기를 얻었던 이유는 품질과 여유라는 가치에 있었다. 창업자인 제임스 프리먼James Freeman은 공장에서 대량으로 로스팅하고

블루보틀에서는 드립 커피를 주문하면 그때 한 잔씩 핸드 드립을 시작한다. 블루보틀 성수점

매장에서 에스프레소 머신으로 빠르게 내린 커피에 신물이 났다. 갓 구운 빵이 맛있듯, 막 로스팅한 커피빈을 바로 갈아 핸드 드립hand drip으로 내려 마시는 커피 맛이 남다르다는 것을 그는 알고 있었다. 그는 블루보틀 카페를 열고 매장에서 로스팅한 지 이틀 이내의 커피만을 사용했다. 그리고 에스프레소 머신 대신 주문이 들어오면 직원들이 한 잔씩 핸드 드립으로 커피를 내렸다. 블루보틀에서 고객들은 커피를 받기 위해 꽤 기다려야 했지만, 정성이 담긴 신선한 커피 한 잔을 즐길 수 있었다. 창업자의 신념에 따라 매장에는 무료 와이파이 서비스와 전원 콘센트를 없앴다. 고객들이 매장에 와서 폰이나 노트북 속에 고립되기보다 다른 고객이나 직원들과 대화를 나누길 바랐기 때문이다. 창업자와 같은 라이프를 꿈꾸던 팬들이 여기에 열광했다. 하지만 이런 원칙들 때문에 블루보틀의 매장 확장 속도는 초기 매우 더뎠다. 나중에 네슬레Nestlé에 인수된 후 매장 확장 속도와 서비스 속도는 빨라졌다.

조명

　　자신이 자주 생활하는 공간을 사진으로 찍고 사진 편집기로 밝기, 대비, 채도, 색온도를 조정해서 자신이 원하는 분위기로 바꿔보자. 그런 분위기는 조명을 통해 편집된 사진과 가깝게 연출할 수 있다. 공간이 넓고 창이 작으면 낮이라도 자연광이 부족하다. 그리고 날씨나 계절에 따라 달라지는 햇빛만으로는 원하는 분위기를 유지할 수 없다. 백화점이나 대형 쇼핑몰은 전통적으로 창이 없는 건물에 인공조명만으로 채광한다.

　우리나라는 전통적으로 공간 중앙의 천장에 백색 조명을 환하게 켜서 생활한다. 반면에 미국이나 서유럽은 황색 간접 조명을 선호하고, 북유럽은 향초나 벽난로를 조명으로 활용한다. 자연조명에 가까울수록 아늑한 분위기를 연출한다. 조명이 라이프스타일에 영향을 미치기도 하고, 반대로 라이프스타일이 조명에 영향을 주기도 한다. 호텔이나 백화점은 조명의 색온도를 백열전구와 형광등의 중간쯤인 3,500캘빈에 맞춘다. 왜냐하면 이 색온도가 얼굴 피부를 가장 아름답게 보이게 하기 때문이다. 반면에 공부하거나 작업하는 공간은 대낮 태양광 색온도와 가까운 5,000캘빈으로 설계한다. 같은 요리도 색온도에 따라 다르게 느껴진다. 신선함이 강조되는 요리는 높은 색온도로 비추고, 분위기를 내는 요리는 황색 조명에서 더 맛있게 보인다. 식사 테이블을 비추는 조명에도 별도의 색온도 설계가 필요하다.

　색온도와 밝기는 다르다. 우리는 무심결에 밝은 곳을 쳐다보고, 밝은 곳으로 향하는 지광 본능이 있다. 그래서 긴급 대피 시 비상등이 환하게 켜지면 무의식 중에도 그쪽으로 향한다. 따라서 사람들이 봐주기 원하는 곳을 밝게 하면 자연스럽게 사람들의 시선이 머문다. 백화점 복도는 밝기를 낮추고 매장 안은 밝기를 높여서 사람들의 시선이 매장을 향하게 한다. 사람들은 잘 느끼지 못하지만 백화점 복도와 제품 진열장의 밝기 차이는 10배이상이다.

여행지 숙박시설은 그저 하루 자기 위해 머무는 곳이 아니다. 그곳은 지역 라이프스타일을 경험하는 중요한 구성 요소이다. 우리나라 지방 펜션은 아무 고민 없이 가정용 백색 LED 조명으로 건물 전체를 밝히는 곳들이 많다. 이래서는 여행 분위기가 나지 않는다. 세계적인 고급 호텔 체인들은 각 공간 조명의 밝기와 색온도를 세심하게 설계하고 관리한다. 호텔 로비, 식당, 복도, 침실, 화장실, 욕조의 조명은 그 공간에 딱 맞춰져 있다.

츠타야는 서점이지만 여느 서점처럼 모든 공간을 독서하기 좋은 높은 색온도와 밝기의 조명으로 채우지 않는다. 다이칸야마점의 경우 그 넓은 공간들을 수많은 직간접 조명들과 핀조명으로 각 공간마다의 분위기를 세심하게 설계한다. 다이칸야마점이 제안하는 경제력 있는 일본 중장년층의 여유로운 라이프스타일을 지원하기 위해 조명과 채광, 식물, 음악, 향기까지 어느 하나 놓치지 않는다. 독특한 진열 방식 외에도 츠타야가 라이프스타일 제안의 좋은 본보기가 되는 이유이다.

요즘에는 스마트폰 앱으로 조명의 색상과 색온도, 밝기를 마음대로 조절하고 프로그램할 수 있는 블루투스 조명도 나온다. 이런 조명들을 활용하면 필요에 따라 각 공간 분위기를 다르게 연출할 수 있다.

츠타야 다이칸야마점의 한 생활 제안 부스.
부스 전체에는
편안한 분위기의 황색광을 사용하고,
전체적인 분위기를 만드는
대표적인 책 표지와 사진에는
핀 조명과 라인 조명을 두어서
갤러리 같은 분위기를 연출했다.
아일랜드 진열 테이블 한 컨에는
표본 색을 제대로 표현하기 위해
태양광에 가까운 밝은 백색광 패널을
아래에 두어서 시선을 집중시킨다.

▲ 모리오카 서점이 있는 도쿄 긴자 골목의 한 레스토랑.
매장 안은 깔끔하지만,
매장 입구에는 위아래로 식물을 배치하고, 5개의 핀 조명만 사용해서
비밀의 숲의 문을 지나는 느낌을 준다.
(bistrosimba.jp, @bistrosimba)

▼ 모리오카 서점도 비슷한 색온도의 조명을 사용한다.

도쿄 긴자의 어두운 골목길을
따뜻하게 비추는 가게.
2층 매장도 1층과 색 온도를 맞추어서
멀리서도 눈에 띈다.
무슨 가게일지 궁금하다.

1층은 스포츠웨어(Patrick.jp) 매장이고,
2층은 바디 트리트먼트(kunugi.com) 매장으로 서로 다른 매장이다.
매장 내 조명, 매장 밖 간접 조명, 브랜드 간판 조명 등
조명을 잘 사용했다.
매장 주변 계단에 철 테두리를 둘러 흰 자갈을 깔고,
따로 올라오는 길을 만들어서 공간의 고급스러움을 더했다.

책과 콘텐츠

　　동물과 달리 인간의 삶에서 의식주 외에 빠질 수 없는 것이 하나 있다면 그것은 〈이야기〉이다. 인류 문화는 이야기의 역사라 해도 과언이 아니다. 동굴에 벽화를 그려 놓고 이야기를 했을 것이고, 피라미드 안에 그려진 그림들도 하나의 이야기이다. 성경도 이야기 모음집이고, 카페에서 나누는 잡담들도 결국 이야기이다. 수많은 소설책뿐만 아니라 이런 전문서마저도 라이프스타일에 대한 이야기이다. 이제 이야기는 책과 그림이라는 전통 매체를 넘어 영화, 드라마 그리고 게임과 소셜 미디어를 통해 만들어지고 전파된다. 우리는 이것을 〈콘텐츠〉라고 한다.

　　책은 단지 시각 매체로 그치지 않는다. 우리는 이야기 속에서 소리를 듣고, 냄새를 맡고, 맛을 느끼며, 살이 베이는 고통을 체험한다. 그래서 책은 라이프스타일 제안의 좋은 보조물이 되기도 하고, 한 권의 책이 라이프스타일의 중요한 오브제가 되기도 한다. 세상에는 상상할 수 없는 엄청난 종류와 양의 책이 있다. 그래서 어떤 주제를 골라도, 어떤 키워드 조합에도 그에 어울리는 책이 있기 마련이다. 하나의 주제에 대해서도 다양한 형식과 관점의 이야기들이 있기 때문에 자신에게 꼭 맞는 것을 찾을 수 있다. 음악이나 커피처럼 미묘한 취향 차이를 콕 집어낼 수 있는 보조물인 것이다. 독립 서점이나 북 카페가 아니더라도 공간 안에 선별된 책을 두는 것만으로 라이프스타일을 지원하는 좋은 인테리어가 된다.

　　잡지는 사실 전통적인 라이프스타일 제안 콘텐츠이다. 패션 잡지, 리빙 잡지, 문학 잡지, 럭셔리 잡지 등은 보통 하나의 주제를 다루지만 편집자의 관점이 녹아들어 하나의 라이프스타일을 제안하고 지지하기도 한다. 문자

독서와 사색의 공간
〈마이시크릿덴〉에 있는
《매거진 B》와 《모노클(Monocle)》 잡지가
이 공간이 제안하는 라이프스타일을
단적으로 보여준다.

위주의 책과 달리 빠른 시간에 콘텐츠를 소비할 수 있다는 장점이 있다.

이제 콘텐츠 소비는 종이 매체에서 디지털 매체로 빠르게 전환되고 있다. 그래서 책 대신 라이프스타일 제안에 소셜 미디어나 앱 서비스를 연결하려는 다양한 시도가 있다. 하나의 플랫폼 서비스에서 같은 라이프스타일을 꿈꾸는 사람들에게 콘텐츠를 주기적으로 제공하거나, 서로의 콘텐츠를 공유하는 방식도 있다. 콘텐츠의 품질이 좋다면 유료로 제공하기도 하지만, 유튜브의 경우는 많이 조회되는 것만으로 콘텐츠 제공자에게 수익이 돌아간다. 새로이 등장할 가상현실과 증강현실, 3D 콘텐츠는 앞으로 주요한 라이프스타일 제안의 구성 요소가 될 것이다.

라이프스타일 비즈니스는 재방문율을 높이기 위해 늘 새로움이 있어야 한다. 이것이 목적 구매를 위해 들르는 일반 비즈니스와 차별되는 점이다. 하지만 매번 고객이 방문할 때마다 제품이나 서비스를 새로이 개발해 내놓을 수는 없는 노릇이다. 이를 해소할 수 있는 방법이 콘텐츠다. 상대적으로 쉽게 생성할 수 있는 정보와 경험 콘텐츠를 주기적으로 제공하면 라이프스타일에 푹 빠진 고객은 늘 새로움과 만족감을 경험할 수 있다. 뮤지션이 매번 새로운 음악을 작곡해 내놓을 수는 없지만, 소소한 일상을 공유해주는 것만으로도 팬들은 감동한다.

숙박

'이렇게 살고 싶다'는 마음이 생길 때 라이프스타일 비즈니스 제안은 고객에게 수용된다. 거주, 숙박, 휴양의 형태는 '이렇게 살고 싶다는 욕구를 만드는 중요한 요소 중 하나이다. 어느 나라, 어느 도시, 어떤 기후와 풍경, 어떤 인테리어에서 머무는 것이 꿈꾸는 삶의 모습 중 하나를 차지하기 마련이다. 제주에서 한 달 살기, 외국에서 한 달 살기 인기는 얼마나 사람들이 이런 삶을 꿈꾸는지 보여준다.

북앤베드 도쿄는 책과 숙박을 연결시켰고, 이케아는 쇼룸을 통해 자신들이 추구하는 주거 라이프스타일을 보여준다. 프랑스 생장피에드포르Saint Jean Pied de Port에서 시작해 피레네 산맥을 넘어 스페인 산티아고 데 콤포스텔라Santiago de Compostela 성당까지 800킬로미터를 한 달 동안 걷는 〈순례길〉은 종교적 이유가 아니더라도 많은 사람들이 찾는다. 내 친구도 일주일 코스를 다녀온 후 전체 코스를 완주하는 것이 그의 버킷 리스트가 되었다. 순례자들은 이 길을 걷는 동안 알베르게Albergue라는 숙박시설을 이용한다. 공립 알베르게는 1박에 8,000원 선으로 저렴한 것이 가장 큰 장점이지만, 이곳에서는 순례길을 걷는 다양한 이유를 가진 세계 사람들을 만날 수 있다. 시설은 호텔에 비할 바 못 되지만, 있는 그대로가 한 달간 순례자로 살아가는 라이프스타일을 완성한다.

▲ 아난티 남해(Ananti Namhae) 경관
▶ 친환경 고체형 어메니티(amenity)

한국의 주거 플랫폼 사업자인 아난티Ananti는 국내에서도 해외 고급 호텔의 경험과 라이프스타일을 제공하겠다는 목표로 색다른 호텔, 리조트를 선보인다. 골프장, 수영장 외에도 숲길 트레킹, 서점, 가치 소비 편집숍, 공연장, 갤러리, 공방 등을 숙박시설과 연계하여 해외를 나가지 않고도 잠깐이나마 지친 일상에서 벗어나 평소 꿈꾸던 삶으로 들어갈 수 있도록 한다. 국내에서도 이국적인 경관을 볼 수 있는 입지를 선정하는 안목도 아난티의 인기에 한몫하고 있다. 샴푸, 린스 같은 욕실용품도 천연 재료로 자체 제작한 고체형으로, 가치 소비 브랜드인 〈캐비네 드 쁘아쏭Cabinet de Poissons〉에 실어 제공한다. 캐비네 드 쁘아쏭은 친환경 생활용품 외에도 부상하는 패션 디자이너나 미술, 음악 아티스트의 작품들을 선별해 판매하는 아트숍을 운영하고 있다. 아난티의 사업 목적을 보면 숙박이 핵심 요소이지만, 그들이 제안하는 라이프스타일 관점에서 보면 숙박은 라이프를 경험하기 위한 보조적인 구성 요소이기도 하다.

당신의 라이프 스타일을
사겠습니다

라이프스타일 제안

　　이제 나의 인생 키워드와 라이프스타일을 기초로 고객에게 제안할 라이프스타일을 정의할 때다. 라이프스타일 비즈니스에서 가장 핵심적인 부분이기도 하다. 내 라이프스타일이 바로 라이프스타일 비즈니스로 전환되기도 하지만, 사업적으로 구현할 수 있는 모습으로 변형되기도 한다.

　　앞서 나의 인생 키워드와 라이프스타일, 내가 꿈꾸는 이상적인 삶의 모습, 행복을 경험하는 순간들로부터 "이렇게 살아보는 건 어때요?", "이것이 당신이 꿈꾸던 삶이지요?"하고 제안할 수 있는 라이프스타일을 다음 캔버스를 채우면서 정의해 보자. 꿈꾸는 삶의 모습이 여러 개라면 이런 캔버스가 여러 개 완성될 것이다.

고객과 공유하는 가치와 인생 키워드
(나의 〈무엇〉을 활용하여) 세상에 〈어떠한 무엇〉을 〈어떻게 무엇〉한다.

고객과 함께 꿈꾸는 삶의 모습
오감이 〈어떻게〉 만족되어 〈어떠한 감정〉을 경험하는 행복한 순간

매력적인 라이프스타일 제안
• "이렇게 살아보는 건 어때요?"라는 제안과 제안의 구성 요소 큐레이션

• **제상품**: 제품(직접 제조), 상품(구매해 판매)	• **고객**: 인생 키워드와 라이프스타일로 구분되어, 이 라이프스타일 제안을 자신의 라이프스타일로 받아들일 고객군의 특징
• **서비스**: 고객의 시간을 소비하는 활동	
• **보조물**: 음악, 식물, 커피, 조명, 콘텐츠, 숙박 등	• **고객 키워드**: 이런 고객군을 발견하는 키워드, 그들을 대표하며, 그들이 관심 갖고 모이는 키워드
• **상징물**: 라이프스타일을 상징하는 오브제	

로버트 쇼Robert Shaw와 마르코 클라우센Marco Clausen은 쓰레기로 가득 찬 공터를 지역 주민들의 힘을 모아 함께 치우고 여기에 녹지를 만들었다. 독일 베를린의 프린세스가든Prinzessinnengärten은 지방 정부가 예산을 들여 운영하는 공원이 아니라 지역 주민들이 나서서 만들고 가꾸어 나가는 도시 공원 커뮤니티이다. 공원에서 나오는 작물을 공원 내 카페테리아에서 식재료로 써서 수익을 발생시킨다. 정부의 도움 없이도 도심 어디에나 공간만 있다면 숲을 닮은 녹지를 만들 수 있는 것이다.

고객과 공유하는 가치와 인생 키워드
자연주의, 녹색 공간, 지역 커뮤니티

고객과 함께 꿈꾸는 삶의 모습
- 울창한 숲 가운데 놓인 테이블에서 건강한 식재료로 만든 식사나 차를 한 잔 한다.
- 내가 유기농으로 키운 농작물을 수확해 집에 가져가 가족과 함께 먹는다.
- 같은 지역의 이웃들과 웃고 떠들며 도심 속 작은 숲을 함께 가꾸어 나간다.

매력적인 라이프스타일 제안
- 지역 주민이 함께 이용할 도심 속 초록 공간을 이웃들과 함께 만들어 보는 건 어때요?
- 자신만의 텃밭 공간을 얻어 유기농으로 작물을 키우고 수확해 보는 건 어때요?
- 집에서 가까운 곳에서 마치 숲속에 온 듯한 공간을 만나고, 그 속에서 차와 식사를 하는 건 어때요?

- **제상품**: 유기농 농작물, 카페테리아 식사
- **서비스**: 봉사 활동, 텃밭 재배, 커뮤니티 모임
- **보조물**: 식물, 커피
- **상징물**: 어디든 이동 가능한 포대 화분

- **고객**: 도심에서도 자연과 농촌 생활을 즐기고 싶은 사람들, 이웃들과 의미 있는 활동을 함께하고자 하는 사람들
- **고객 키워드**: 주말농장, 지역농장, 도시공원, 귀농, 등산, 커뮤니티, 환경, 봉사, 유기농, 비건

〈프린세스가든〉의 2006년(왼쪽)과 2012년(오른쪽) 구글 어스의 사진 비교 　©prinzessinnengarten
(prinzessinnengarten.net)

　자연을 좋아하는 사람이라면 푸른 나무들이 감싸는 공간에서 시간을 보내는 삶을 꿈꾼다. 이러한 라이프스타일은 프린세스가든과 같은 제안 외에도 다양하다. 가장 광범위하게 퍼진 자연주의 라이프스타일 비즈니스는 캠핑이다. 그 형태도 다양하다. 텐트를 가지고 자연 속으로 들어가 1박을 하는 전통적인 캠핑도 있고, SUV 자동차를 개조해 텐트 대신 차에서 먹고 자는 캠핑도 인기다. 텐트의 편의시설 부족에 불만인 사람들에게는 글램핑을 추천한다. 작은 호텔 수준의 설비를 갖춘 캠핑카는 캠핑족들의 꿈이다. 장비가 없는 캠핑 초보자들을 위해 자지 않고 하루 한두 끼를 자연 속에서 편리하게 즐길 수 있는 바비큐장도 존재한다. 계절과 날씨를 타지 않고 실내에서 초록을 보고 싶은 사람들을 위해 초대형 식물 카페도 생겨났다. 아예 기존 식물원이 카페나 레스토랑으로 변신하기도 한다. 템플 스테

이(temple stay, 절에서 묵으며 승려의 라이프스타일을 경험)나 자연 휴양림 속 방갈로도 같은 삶의 욕구를 해소한다. 이 모든 비즈니스 모델은 울창한 숲속에서 아늑한 시간을 보내고 싶은 라이프스타일을 겨냥한다.

인생 키워드와 연관된 라이프스타일 제안은 카페나 음식점, 서점이나 옷 가게, 편집숍, 헤어숍, 사진관, 안경점을 차리는 경우에도 자기만의 개성이 살아있는 매장 콘셉트를 정해준다. 인생 키워드가 건강, 꽃차, 자연, 육성인 〈한국 꽃차 마이스터 교육원〉의 박미정 원장은 어릴 때부터 몸이 허약해서 건강하게 사는 것이 늘 인생 과제였다. 대체 의학에 관심을 두다가 꽃차의 효능을 발견하고 스스로가 꽃차를 통해 면역력이 좋아지고 건강해지자, 이를 주변에 전파하기 시작했다. 강의를 열고 자격증을 만들어 꽃차를 널리 알릴 후학을 양성했다. 늦은 나이에도 불구하고 2016년 꽃차 테라피로 박사 학위를 따고, 서울 이수역 근처에 파아란 2층 건물에 2017년 꽃차 카페 〈파아람 티 하우스〉와 〈파아람 티 교육원〉을 열었다.

소화를 돕고 독을 치료하는 개망초꽃차, 천연 항생제로 몸 안의 염증을 치료하는 아카시아꽃차, 정력에 좋고 항산화 기능이 높은 라일락꽃차, 몸과 영혼을 힐링하는 천상화차, 자귀나무 잎과 야관문으로 부부 금실을 채워주는 사랑차, 우슬이 들어가 관절염에 좋은 비슬차 등 자신의 체질이나 건강 상태에 따라 꽃차 메뉴를 선택할 수 있다. 건조된 꽃잎에 따뜻한 물을 부으면 투명한 유리 티팟에서 꽃들이 본래 색으로 피어나는 광경은 커피나 녹차에서는 느낄 수 없는 시각적 경험이다. 그녀는 라이프스타일 제안을 꽃잎 화장품이나 미용용품까지 확장하고 있다. 카페에는 그녀의 꽃차 사랑과 라이프스타일이 고스란히 담겨 있다.

당신의 라이프 스타일을 사겠습니다

〈파아람 티 하우스〉라이프스타일 캔버스

고객과 공유하는 가치와 인생 키워드
건강, 웰빙, 꽃차, 육성

고객과 함께 꿈꾸는 삶의 모습
- 보기에도 아름답고, 건강에도 좋은 꽃차를 매일 우려 마신다.
- 커피 카페만큼 많은 꽃차 카페를 내 주변에서 만난다.

매력적인 라이프스타일 제안
- 커피 대신 자신의 몸 상태와 증상에 따라 건강에 좋은 꽃차를 골라 마셔보는 건 어때요?
- 마시는 꽃차로 효능을 보았다면, 화장품과 욕실용품도 꽃차 성분 제품으로 바꿔보는 건 어때요?
- 꽃차 바리스타 자격증을 따서 주변에 꽃차 카페를 열어보는 건 어때요?

- **제상품**: 꽃차 제품(티백, 화장품), 투명 티 세트
- **서비스**: 카페, 교육 프로그램, 자격증 커리큘럼
- **보조물**: 조명, 식물, 향기, 음악
- **상징물**: 파아란 색

- **고객**: 마시는 것 하나에도 건강을 신경 쓰는 웰빙 라이프스타일을 가진 사람들 또는 환자들
- **고객 키워드**: 건강, 유기농, 웰빙, 건강 음료, 항암, 예방, 건강식, 차, 자격증, 교육, 비건

파아람 티 하우스의 꽃차 (@paaramteahouse)

　자신의 요리 재능을 살려 평소 꿈꾸던 스페인 바르셀로나의 카탈루냐 라이프스타일이 살아있는 스페인 식당을 연다고 하자. 한국에는 현지 감성을 제대로 살린 스페인 레스토랑이 없다는 자신의 불만을 스스로 해소하려는 것이다. 바르셀로나에서 살면서 가장 행복했던 식사 경험을 그대로 살린다. 작은 접시에 나와 한 끼에도 여러 가지 음식을 다양하게 즐길 수 있는 타파스tapas와 달달한 와인 칵테일인 상그리아sangria를 빼놓을 수 없다. 토마토를 문댄 빵이나 올리브와 함께 즐기는 지나치게 염하지 않아 짜지 않고 쫄깃한 하몬jamon도 잊을 수 없다. 타파스는 조리 과정을 지켜

당신의 라이프 스타일을
사겠습니다

볼 수 있는 바bar에서도 즐기지만, 공기가 깨끗하고 여름에도 습하지 않은 지중해성 날씨 덕에 야외 자리가 더 운치 있다. 바르셀로나는 가우디Antoni Gaudi의 도시라고 해도 과언이 아니다. 심지어 주요 도로의 보도블록과 가로등, 벤치마저도 가우디의 디자인을 살려 만들어졌다. 이런 특징도 레스토랑의 익스테리어exterior와 인테리어에 살린다.

〈바르셀로나 레스토랑〉 라이프스타일 캔버스

고객과 공유하는 가치와 인생 키워드	
바르셀로나(카탈루냐 문화, 지중해성 기후, 가우디), 요리, 여유, 여행	
고객과 함께 꿈꾸는 삶의 모습	
• 마치 바르셀로나에 와 있는 것 같은 여유롭고 이국적인 식사 경험을 한다.	
매력적인 라이프스타일 제안	
• 가우디의 혼이 살아있는 어느 바르셀로나 골목 야외 테이블에서 상그리아 한 잔 어때요?	
• 골라 먹는 싱싱한 타파스와 짜지 않고 쫄깃한 하몬을 스페인 와인과 함께 즐겨보는 건 어때요?	
• 일과 육아에서 벗어나 여행 온 듯 여유롭고 북적이지 않는 고급스런 한 끼는 어때요?	
•**제상품**: 스페인 요리와 음료 •**서비스**: 스페인 문화 공연, 예술 전시 •**보조물**: 음악, 식물, 조명, 콘텐츠 •**상징물**: 가우디의 〈트렌카디스〉 장식	•**고객**: 여행을 좋아하고 새로운 경험에 돈을 아끼지 않는 사람들, 럭셔리하고 여유로운 식사를 원하는 사람들 •**고객 키워드**: 여행, 스페인, 바르셀로나, 타파스, 하몬, 상그리아, 와인, 가우디, 럭셔리, 여유, 외식

가우디(Gaudi)의 대표 주택 건물인
〈카사 밀라(Casa Mila)〉에는
폐유리와 도자기 조각을 활용해
모자이크 장식한 곳이 많다. (lapedrera.com)

바닥의 육각형 타일은
자연에서 영감을 받은 패턴으로 만들었다.

카사 밀라의 건물 외관은 밀려오는 파도 물결과
그 파도에 떠밀려온 미역을 연상케 하는데
미역 테라스와 건물 내 철창은
폐철판들을 꼬아서 만들었다.

그라시아로(Passeig de Gracia) 등
바르셀로나의 주요 도로의
가로등 철제 기둥과 벤치 타일,
그리고 인도 바닥 타일은
모두 가우디의 작품을 그대로 채용해
도시 전체가 가우디의 작품 같은
인상을 준다.

가우디가 디자인한 구엘 공원(Park Guell)에 있는 트렌카디스(trencadis) 기법의 아름다운 모자이크 타일들

가우디의 트렌카디스 기법을 활용하는 바르셀로나의 제품과 상점들

기업이나 브랜드가 라이프스타일 제안을 설계하는 것도 크게 다르지 않다. 단, 여기에는 개인의 인생 키워드 대신, 기업과 브랜드의 철학과 사명, 강점 그리고 창업자나 대주주 또는 최고 의사결정자가 이익보다 중요시하는 가치가 반영된다.

한국 전통 수제 자기로 시작한 〈광주요〉는 고급 한식 라이프스타일 기업으로 자신들의 제안을 확장하고 있다. 《미슐랭 가이드》에서 각 별 3개와 1개를 받은 코스 요리식 한식 레스토랑인 〈가온〉과 〈비채나〉를 운영하고 있고, 한국 전통 증류주인 〈화요〉를 개발해 판매하고 있다. 아버지로부터 가업을 이어받은 조태권 대표는 그의 책 《조태권의 문화보국》에서 "문화란 이 땅의 후손들이 누리며 살아가고, 다시 그 후손에게 물려줘야 할 보물이다. 그것이 문화보국의 의미이다"라고 밝혔다. 문화란 시간이 흐르면서 저절로 발전하는 것이 아니라 거기에 몰두한 사람들에 의해 발전한다는 것이 그의 신념이다. 식사를 통해 한 나라의 음식과 의복, 거주 문화가 모두 전달된다. 한식당 가온과 비채나가 고급스러우면서도 한국적인 인테리어와 각 음식에 맞춰 제작한 식기, 직원들의 개량 한복에까지 정성을 들이는 이유이다. 화요 병은 국보 113호인 고려 원통형 병을 현대적으로 재해석하여 디자인했다. 해외 주요 도시에 꼭 있는 고급 일식집처럼 고급 한식집이 광주요로 인해 하나둘 생겨 한식 라이프스타일을 세계로 전파하는 것이 광주요와 조 대표의 사명이다.

당신의 라이프 스타일을
사겠습니다

〈광주요〉 라이프스타일 캔버스

고객과 공유하는 가치와 인생 키워드
한국 도자기, 한식, 문화, 애국

고객과 함께 꿈꾸는 삶의 모습

- 세계 어느 도시마다 있는 고급 한식 레스토랑에서 사람들이 한국 도자기에 한식과 한국 술을 즐긴다.

매력적인 라이프스타일 제안

- 분청 기술과 예술가와의 콜라보로 탄생한 아름다운 한국 도자기로 하는 우아한 식사는 어때요?
- 식재료, 그릇, 조미료 하나에도 한국 전통을 세심하게 담은 미슐랭 3스타에서 한 끼 식사, 어때요?
- 사라졌던 한국 전통을 살려 만든 감압 증류 방식으로 깔끔하고 단정한 고급 소주, 어때요?

• **제상품**: 한국 도자기, 한국 증류주, 고급 한식 • **서비스**: 레스토랑 • **보조물**: 음악, 식물, 조명, 콘텐츠, 숙박 • **상징물**: 한국 전통 국보급 도자기
• **고객**: 고급스러운 식문화를 즐기는 사람들, 한국 전통 문화에 관심이 많은 사람들, 럭셔리하고 여유로운 식사를 원하는 사람들 • **고객 키워드**: 도자기, 한식, 미슐랭, 접대, 선물, 건강식, 고급술, 증류주, 웰빙, 전통, 문화

당신의 라이프 스타일을
사겠습니다

한국 도자기로 장식한 미슐랭 3 스타의 〈가온〉 내부(①). 광주요 대표 고급 라인인 〈분청 목부용
문(나무에 피는 연꽃 무늬)〉 식기(②), 요리에 맞춰 제작한 자기에 담겨 나오는 가온의 코스 요리(③)
(ekwangjuyo.com, @kwangjuyo_official)

라이프스타일 제안은 온라인 세상에도 존재한다. 오프라인 실세계에서 경험할 수 없는 일들을 우리는 컴퓨터와 인터넷, 모바일을 통해 실현하기도 한다. 인스타그램이나 트위터를 통해 좋아하는 유명인의 라이프스타일을 살피고 대화를 나누고, 유튜브에서 VR 헤드셋을 사용해 해외 도시나 오지를 360도 입체 영상으로 가상 여행할 수 있다. 미래 도시나 다른 행성을 걸어보거나, 미국 서부 개척 시대를 살아보거나, 세상 사람들이 좀비로 변한 세상에서 살아남아야 하는 경험을 게임, 영화, 소설, 웹툰을 통해 간접 경험한다. 앞으로 인공지능, 영상 기술과 뇌 과학 발달로 간접 경험 콘텐츠가 실감형 콘텐츠로 탈바꿈하면서 라이프스타일 제안에서 차지하는 비중이 크게 늘 것으로 전망한다.

마음에 맞는 사람들과 맥주 한잔하며 자신이 좋아하는 책과 영화에 대해 이야기를 나누는 시간을 꿈꾸는 사람들을 위해 〈트레바리(이유 없이 남의 말에 반대하기 좋아하는 사람이라는 의미의 순우리말)〉는 독서 모임을 위한 웹사이트와 앱을 서비스한다. 트레바리 윤수영 대표는 책, 모임, 공헌이라는 자신만의 인생 키워드를 트레바리라는 온라인 라이프스타일 제안으로 구현했다. 검소한 라이프스타일을 가진 사람들을 위하여 안전한 중고 거래를 서비스하는 〈당근마켓〉은, 판교 직장인이 만들어 판교 직장인끼리 중고 직거래를 연결해 주던 〈판교장터〉에서 시작되었다.

하나의 라이프스타일 제안으로 시작해 제품과 서비스 구성 요소, 또는 고객 접점을 확장하며 비즈니스를 확장할 수도 있고, 같은 공유 가치와 인생 키워드를 기초로 하는 라이프스타일 제안을 추가할 수도 있다.

홍콩의 모요MOYO는 자신의 퓨전 한식을 도시락으로 판매하고 이를 케이터링 서비스로 확장했다. 정크 푸드junk food를 먹고 자라는 젊은이들을 위해 건강한 한 끼 식사를 제공하겠다는 서울의 배드 파머스Bad Farmers는 식당으로 시작했지만, 젊은이들이 쉽게 접할 수 있도록 착즙 주스 배달 서비스와 포장 식품을 편의점에도 공급한다. 요리, 여행, 예술이라는 인생 키워드를 가진 쿠오레 프라이빗 키친Cuore Private Kitchen의 주인장이자 여행사 블루플라워Blueflower의 창업자이며, 사진작가기도 한 안드레아 오셰티Andrea Oschetti 는 1년 중 절반의 여행 기간 중 감명받았던 요리를 자신의 키친에서 〈마스터 클래스〉라는 강좌로 전수한다. 이와 같은 제안의 확장에 대해서는 6장에서 자세히 살펴볼 것이다.

나의 라이프스타일 제안 만들기

자신의 인생 키워드를 기반으로 하는 매력적인 라이프스타일 제안을 만들어 보자.

나의 라이프스타일 캔버스

고객과 공유하는 가치와 인생 키워드
고객과 함께 꿈꾸는 삶의 모습
매력적인 라이프스타일 제안

• 제상품:	• 고객:
• 서비스:	
• 보조물:	• 고객 키워드:
• 상징물:	

당신의 라이프 스타일을
사겠습니다

나의 경우에는 통찰을 제공하는 창의적인 콘텐츠를 기획한다는 인생 키워드를 살려, 라이프스타일 비즈니스를 다양한 콘텐츠로 알리고, 사람들이 자신의 라이프스타일을 파는 비즈니스를 시작하면서 느끼는 행복의 순간을 함께하고자 한다.

고객과 공유하는 가치와 인생 키워드 라이프스타일, 자기계발, 창의, 콘텐츠, 기획	
고객과 함께 꿈꾸는 삶의 모습 • 인생 키워드를 살려 나의 라이프스타일을 파는 비즈니스를 만들어 여생을 진정한 나로 살아간다.	
매력적인 라이프스타일 제안 • 나의 라이프스타일을 파는 비즈니스를 만들어 여생을 나로 살아보는 건 어때요? • 진정한 나를 발견하고, 나만의 인생 키워드를 찾아 내 인생 직업을 찾아보는 건 어때요? • 내 사업을 지속 가능한 라이프스타일 비즈니스로 전환해 보는 건 어때요?	
• **제상품**: 교재, 참고도서 • **서비스**: 강의, 워크숍, 컨설팅 • **보조물**: 콘텐츠(후기, 해외사례) • **상징물**: 라이프스타일	• **고객**: 자기계발과 창업에 관심 있는 사람들, 다른 사람으로 사는 것에 지쳐 나로 살기를 바라는 사람들 • **고객 키워드**: 라이프스타일, 창업, 자기계발, 강의, 워크숍, 인생 직업, 나로 살기, 사업계획

라이프스타일
비즈니스 플래닝

lifestyle business
planning

—

—

이 단계에서는 라이프스타일 비즈니스를 시작하기 위한 구체적인 계획을 수립한다. 지금까지 여행 목적과 대략적인 목적지를 정했다면, 여기서는 구체적인 여행 코스와 계획을 짠다. 이를 위해 자주 나타나는 라이프스타일 비즈니스 유형을 참고하고, 브랜드 아이덴티티를 정하고, 비즈니스를 모델링 modeling한다.

모델model이란 실제 물건이나 서비스를 간단하게 또는 축소하여 만든 것을 말한다. 비즈니스 모델링은 실제 사업을 시작했을 때의 상황을 미리 분석하고 계획해, 사업의 핵심 요소들을 미리 예상하고 조정하는 과정이다.

라이프스타일 비즈니스 유형

1인 크리에이터creator

자신의 인생 키워드나 라이프스타일로 콘텐츠와 작품을 만들어create 팬을 모으는 비즈니스 유형이다. 콘텐츠는 팬이 돈과 시간을 소비하는 어떤 유형이든 가능하다. 글, 음악, 미술, 영상, 춤, 운동, 요리, 패션이 전통적인 콘텐츠라면 자신만의 지식, 기술, 의견, 평가도 콘텐츠가 된다. 작가, 가수, 화가, 디자이너, 댄서, 평론가, 공예가, 셰프, 바리스타 등 전통적인 독립 직업도 있지만, 최근에는 소셜 미디어나 앱 플랫폼을 통해 팬을 모으고 플랫폼이 제공하는 수익, 광고와 협찬, 상품 판매, 기부금 등을 얻는 크리에이터도 있다. 콘텐츠가 다루는 주제는 책, 웹툰, 게임, 여행, 요리, 경제, 정치, 영화, 귀농, 낚시, 골프 등 거의 무제한이다.

이 비즈니스 모델의 핵심 성공 요인은 팬의 존재이다. 진정한 팬은 크리에이터의 능력을 존경하고 크리에이터 자체를 사랑한다. 그래서 크리에이터가 추천하고 판매하는 모든 것을 기꺼이 구매한다. 멀리서도 전시와 공연을 보러 오며 크리에이터의 말과 행동에 지대한 관심을 가진다. 팬의 존재는 크리에이터의 매장이나 온라인 사이트, 소셜 미디어 계정에 자주 들

고객과 공유하는 가치와 인생 키워드
크리에이터의 재능, 개성, 라이프스타일
고객과 함께 꿈꾸는 삶의 모습 • 크리에이터의 재능을 소비하며 행복을 느끼고, • 크리에이터의 라이프스타일을 모방하여 자신의 라이프스타일로 삼는다.
매력적인 라이프스타일 제안 • 이런 개성 있고 멋진 콘텐츠와 작품을 즐기며 사는 건 어때요? • 내가 지켜가는 가치를 함께 지키며 나의 라이프스타일로 살아보는 건 어때요? • 나를 좋아해 주는 다른 팬들과 함께 공감하고 소통하며 살아보는 건 어때요?

• **제상품**: 콘텐츠와 작품 • **서비스**: 콘텐츠 • **보조물**: - • **상징물**: 크리에이터 자신	• **고객**: 크리에이터를 존경하고 사랑하는 팬들 • **고객 키워드**: 크리에이터, 크리에이터의 재능, 크리에이터의 라이프스타일 키워드, 작품 유형

르는 사람이 얼마나 있는지로 확인할 수 있다. 크리에이터 수익은 그것이 어떤 형태이든지 기본적으로 팬의 수에 기초한다. 소셜 미디어 크리에이터들이 콘텐츠마다 구독을 강조하는 이유이다.

가수 이승환은 회사와 록 밴드를 운영 중이지만, 사실상 1인 크리에이터다. 자신이 직접 작곡, 작사, 프로듀싱, 의상, 무대 기획까지 담당한다. 나머지 구성원들은 이 1인 크리에이터를 지원하는 역할을 한다. 공연의 신이라 불리며 코로나 시국에도 규정을 지킨 공연을 멈추지 않았다. 2019년 「라스트 빠데이」 콘서트는 오후 4시에 시작해 다음날 새벽 4시에야 끝나 휴식 시간을 제외하고 9시간 30분이라는 세계 최장 단독 공연 기록을 세웠다. 놀라운 것은 게스트 가수도 없이 오직 자신의 노래 93곡으로 전체 공연을 채웠다는 사실이다.

〈빠〉라는 말은 팬이라는 말의 다른 표현이다. 이승환 빠들은 신곡이 나오면 종일 그 노래를 듣고, 공연 티켓을 몇 분 만에 매진시키고, 종이비행기와 꽃가루를 직접 만들어 와 곡에 맞춰 날리며 공연을 연출하고, 그가 하는 모든 일을 지지한다. 무엇보다 팬이 감동하는 것은 50대 중반의 나이에도 왕성하게 음악 활동하는 그의 라이프스타일이다. 그가 평생을 〈나로 살수 있는 이유〉는 30년을 함께 늙어온, 또 함께 늙어갈 변함없는 팬이 있기 때문이다.

코로나 기간 중 좌석 띄어 앉기로 치러진 이승환의 「Fall to Fly」 콘서트 끝인사. 공연 관계자들에게는 절반의 수익이라도 전혀 없는 것보다 낫다는 취지에서 코로나 때도 공연을 이어갔고, 팬들은 거기에 호응해 주었다.

요식사업가 백종원의 인기에는 「마이 리틀 텔레비전」이라는 콘텐츠가 큰 역할을 했다. 시청자와 채팅으로 소통하는 프로그램 성격이 그의 입담과 따뜻한 성격을 잘 보여주면서 팬들의 신뢰를 얻었다. 식재료와 조리 과정, 주방 청결 상태가 잘 보이지 않는 요식업에서는 무엇보다 신뢰가 중요하다. 고객은 그러한 신뢰를 주인의 인성과 서비스 진정성으로부터 평가한다. 지금은 아마존에 인수된 〈홀 푸드 마켓Whole Foods Market〉은 엄격한 식재료 심사 과정, 투명한 인사 제도와 직원 보상, 환경 보호에 대한 투자로 판매 식품에 대한 팬들의 신뢰를 얻었다.

반려견 훈련사 강형욱도 기업을 운영하고 있지만 사실상 1인 크리에이터이다. 그는 어릴 때부터 강아지를 좋아해 일찍부터 반려견 훈련사를 꿈꿨다. 2012년 노르웨이로 가서 반려견의 몸짓 언어인 카밍 시그널calming signal 교육을 전문가들로부터 받았다. 한국에 돌아와 2015년 「세상에 나쁜 개는 없다」는 TV 프로그램 콘텐츠로 유럽식 훈련 방식을 선보이며 많은 팬을 얻었다. 기존 늑대의 서열 본능에 입각한 강압식 훈련법이 아니라, 반려견 보호자의 잘못된 습관을 먼저 고치고 카밍 시그널을 이해하며 반려견의 잘못된 행동을 교정하는 그의 애정 어린 훈련법에 사람들이 열광했다. 그전까지 사람들은 반려견을 펫pet이나 애완견으로 불러 마치 장난감 같은 이미지로, 반려견을 키우는 사람을 마치 물건의 주인, 소유주라는 의미로 주인이라 불렀다. 그가 방송에서 꼭 〈보호자님〉, 〈반려견〉, 〈우리 아이〉라는 호칭을 사용하면서 사회적으로도 점차 호칭이 변경되었다. 강아지는 우리 인생에 반려하는 대상이고, 반려견을 키우는 사람은 반려견을 마치 자기 아이처럼 보호하는 사람이라는 뜻이다.

《여자 둘이 살고 있습니다》의 공동 저자 김하나, 황선우 작가는 한집에서 함께 사는 40대 독신 여성들이다. 이들은 월세를 반씩 부담하는 가벼운

타깃(Target)과 블루보틀(Blue Bottle)에서
보호자와 함께 쇼핑하고 휴식하는 강아지들.
캘리포니아 샌프란시스코와 산호세에서는 보호자와
함께 쇼핑하고, 사무실에 함께 출근하고, 레스토랑과
카페에서도 함께하는 반려견들과 자주 마주친다.

동거가 아닌, 마치 결혼한 부부처럼 공동 명의로 집을 사서 집안일을 분담하며 장기적인 동거를 약정하고 살아가는 새로운 라이프스타일을 제안한다. 이들은 이런 라이프스타일을 소개하기 위해 팟캐스트podcast에 음성 프로그램인 〈여둘톡〉을 열고 매주 그녀들의 이야기를 올린다. 이런 라이프스타일 제안을 수용한 홀로 사는 여성들이 팬이 된다. 그리고 매주 여둘톡에서는 내돈내산(내 돈 주고 내가 산) 아이템 중 이런 라이프스타일을 지원하는 추천 아이템을 한두 개씩 소개하는데, 이것들이 〈여둘픽〉이라 하여 팬들의 인기를 얻으며 판매가 늘고 품절을 만든다. 여자 혼자서도 조립 가능한 수납장, 진짜 맥주 맛 나는 무알콜 맥주, 어느 책에서 본 당근 요리법, 「술꾼 도시 여자들」 원작 웹툰 작가인 미깡이 추천해서 갔던 중년 여성 사장님이 운영하는 호프집 같은 것들이다. 그녀들은 아직 전통적인 사회 관념이 존재하는 한국에서 여자 혼자서도 잘 사는 독신 라이프스타일 콘텐츠를 생산하는 1인 크리에이터인 셈이다.

공간을 제안하거나 고객과 접촉해 서비스를 제공하는 비즈니스가 아니라면 오프라인 매장이 반드시 필요하지 않을 수 있다. 온라인에서도 사진, 영상, 채팅, 음성, 글과 같은 콘텐츠로 가치를 전달할 수 있고, 구매로 연결할 수 있다. 타고난 입담가인 일본의 가스카와 유키는 공기처럼 존재하는 서점이라는 의미의 에어 서점 〈이카분코Ikabunko〉을 트위터에 오픈했다. 실물은 존재하지 않는 독립 서점이지만, 그의 팬들은 마치 서점이 있는 것처럼 느끼고 서점에서 책을 구매한다.

오프라인 매장이나 공연, 전시회가 아니라도 팬들이 자주 들르고 그들과 소통할 수 있는 통로가 있어야 한다. 소셜 미디어 계정이나 라이브 방송, 홈페이지, 동호회 사이트 등 진정성 있는 자신의 모습을 보여주고 소통하는 채널이 필요하다. 만약 창작하는 작품의 양이 많다면 그 자체가 소통이 되기도 한다. 영국의 세밀 펜 화가인 제프 머레이Jeff Murray, @jeff_murray_art는 소셜 미디어에 자신이 하나의 작품을 정성 들여 완성해 가는 과정을 조금씩 공유한다. 팬들은 그 과정을 함께 지켜보며 그 작품에 대한 관심과 애정이 깊어지고, 자연스럽게 구매로 연결된다.

디지털 콘텐츠는 국내에 한정하기보다 잠재 고객을 세계로 확장할 수 있다. 국내에서는 나의 키워드와 라이프스타일에 열광하는 사람이 겨우 수십 명뿐일 수 있지만, 세계로 확장하면 100배는 늘어난다. 전 세계 사람들이 함께하는 소셜 미디어의 등장은 이것을 가능케 했다. 인공지능 발달로 자동 번역 기술이 발전하면서 언어 콘텐츠도 언어 장벽 없이 쉽게 세계로 전파되는 날이 머지않았다. 작품성과 희소성이 있는 디지털 콘텐츠는 NFTnon-fungible token를 이용해 마치 실물 예술작품처럼 진품 소유를 인정해 주는 소유권을 판매할 수도 있다.

1인 크리에이터 라이프스타일 비즈니스는 유행과 돈을 좇기보다 자기만의 인생 키워드를 진정성 있고 우직하게 지켜나가야 한다. 사람들은 꾸며낸 모습을 금세 알아챈다. 진정한 자기 모습만이 편하게 오래갈 수 있다. 더 많은 고객을 얻으려 말고, 수가 적더라도 자신의 라이프스타일을 사줄 수 있는 진정한 팬을 얻는 데 초점을 맞추어야 한다.

초기 발라드 음악으로 대중의 인기를 얻었던 이승환은 3집부터 서서히 자기 음악인 록으로 전향했다. 많은 대중 고객들이 그에게서 등을 돌렸고 음반 판매량은 뚝 떨어졌다. 하지만 이때 진정한 팬들이 걸러졌다. 그들은 30년 동안 그의 곁을 지키며 콘서트에 가서 그의 신나는 록에 맞춰 몇 시간씩 몸을 흔든다. 명품 럭셔리 라이프스타일로 인기를 얻었던 모 크리에이터는 가짜 제품을 사용한 것이 탄로되면서 진정성에 치명타를 입고 활동을 중단했다.

책의 서두에서 이야기한 바 있는 뱅크시는 포스트모더니즘과 인터넷이 탄생시킨 새로운 유형의 대표적인 1인 크리에이터이다. 영국 출신 남성으로 알려진 그는 고등학교에서 퇴학당하고 이후 정규 교육을 받지 않았다

영국 브리스톨(Bristol)은 뱅크시 작품이 가장 많은 곳이다. 아마도 그가 브리스톨 출신이기 때문인 듯하다. 브리스톨로 여행하는 대부분 사람들의 목적은 뱅크시 작품들을 직접 보기 위해서이다. 뱅크시 작품 가이드 프로그램이 따로 있을 정도다. 도시를 찾는 뱅크시 팬들 덕분에 다른 거리 예술가들도 합류하면서 브리스톨은 벽화의 도시로 변모하고 있다. 벽화라는 특성상 그의 작품은 오래지 않아 훼손되는 경우가 많다. 그러나 그는 그것에 개의치 않는 듯하다. 애초에 소장하거나 팔려고 그린 그림이 아니기 때문이다. 그는 그저 자신이 하고픈 이야기를 벽화로 표현할 뿐이다.

당신의 라이프 스타일을
사겠습니다

고 한다. 그의 예술 활동은 대담하다. 범죄와 예술 사이를 교묘하게 줄타기한다. 남의 담벼락에 몰래 벽화를 그려 놓고 사라진다. 이것은 명백한 재산 훼손 행위이다. 그는 세계적인 박물관과 미술관을 돌며 슬그머니 그의 장난스러운 작품을 기존 작품들 사이에 해설문까지 붙여 도둑 전시한다. 경매에 낙찰되어 소유권이 넘어간 자신의 작품을 훼손한다. 그는 대체로 우리에게 이런 메시지를 전하는 듯하다. "싸우고 착취하고 환경을 훼손하는 짓은 이제 그만둬", "우리 이제 서로 사랑하자".

이제 건물주들은 뱅크시가 몰래 와 자신의 건물 벽에 낙서해 주길 바라고, 미술관들은 그의 작품을 전시하길 원하며, 경매로 그의 작품을 산 사람들은 그가 작품에 무슨 짓을 해 주길 바란다.

소규모 독립 매장

고객이 방문할 수 있는 공간을 만들어 물건을 전시 판매하거나 서비스를 제공한다. 카페, 서점, 식당, 숍shop, 스토어store, 스튜디오studio, 운동시설gym, 학원academy, 숙박시설과 같은 전형적인 형태 외에도 플래그십 스토어flagship store나 팝업 스토어pop-up store 같은 형태로 운영할 수도 있다. 고객이 드나들지 않고 혼자 작업하는 작업실이나 공방workshop은 이 모델이라 할 수 없다. 공방이라도 전시와 판매를 겸하고 있어 고객과 직간접적으로 소통할 수 있는 공간이라면 여기에 해당한다.

플래그십 스토어는 매장이 비즈니스의 핵심은 아니지만, 오프라인 매장

도쿄 오모테산도역에서 내려
작은 골목으로 들어와
전선들이 어지러이 꼬여 있는 전봇대와
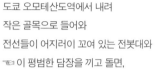 이 평범한 담장을 끼고 돌면,

완전히 다른 세상이 펼쳐진다.
그곳은 앨리스의 이상한 나라이기도 하고,
토토로의 마을이기도 하다.
(nicolaibergmann.com,
@nicolaibergmann,
@nicolaibergmann_nomu)

니콜라이 버그만은
꽃다발, 꽃 상자, 플랜테리어 꽃장식에도
유독 초록색을 많이 사용한다.
그래서 그의 작품에는
그만의 독특한 싱그러움이 있다.

을 통해 브랜드 콘셉트나 라이프스타일 제안을 감각적으로 체험케 하는 공간이다. 일본, 한국, 미국에서 북유럽 고급 플라워 라이프스타일을 제안하는 니콜라이 버그만Nicolai Bergmann은 도쿄 미나미 아오야마에 플라워 카페 형식으로 플래그십 스토어를 열었다. 이곳은 입구부터 매장 안까지 그의 제안을 오감으로 체험케 하는 공간이다. 매장의 한쪽은 꽃을 전시, 판매하는 공간을 두고, 다른 편에는 프리저브드 플라워preserved flower로 장식된 테이블에서 식용 꽃을 올린 간단한 식사를 할 수 있는 카페테리아 공간으로 구성했다. 프리저브드 플라워는 보존 처리하여 생화 상태를 오래 유지하게 만든 꽃이다. 플래그십 스토어에서는 다양한 선물용 프리저브드 꽃 상자를 구경하고 구매할 수 있다.

팝업 스토어는 프로모션이나 특별한 이벤트를 위해 수일, 수개월만 운영하는 스토어이다. 뱅크시는 런던에 〈Gross Domestic Product〉라는 이름의 팝업 스토어를 2주간 열었는데, 스토어 문은 열었지만 스토어로 들어가는 입구가 없다. 오직 유리를 통해 작품들을 볼 수 있고, 구매는 온라인에서 하게 했다. 그는 팝업 스토어를 연 이유를 작가가 직접 상품을 판매하는 상점을 열면 상표권 보호에 도움이 되기 때문이라고 밝혔다. 당시 특정 업체가 뱅크시의 이름을 도용해 제품을 만들려고 했기 때문에 소송이 걸려 있었다. 뱅크시는 자신의 이름을 오락, 연구, 행동주의를 위해 사용하는 것은 권장했지만, 특정인이나 기업이 자신들의 이득을 위해 자기 이름을 착취하는 것을 용납하지 않았다. 팝업 스토어가 열리는 동안 팬들이 연일 장사진을 쳤고 작품들은 순식간에 팔렸다.

뱅크시 Gross Domestic Product 팝업 스토어

선진국 대도시에는 라이프스타일 비즈니스 부상과 함께 1인 크리에이터
가 늘면서 추천할 만한 퍼스널 브랜드와 작가를 찾아 특정 라이프스타일
단골고객에게 소개해 주는 라이프스타일 편집숍이 늘고 있다. 대상 품목
은 의상, 신발, 가죽제품, 인테리어 소품, 식품 등 다양하다. 인터넷에서 발
견한 독특한 제품을 직접 해외 현지에 가서 사 오기도 한다. 알맞은 제품이
없다면 그런 제품을 자체 브랜드로 제작하여 PBprivate brand로 판매하기도
하고, 좋아하는 인디indie 디자이너와 콜라보를 진행하기도 한다. 매장 주인
의 개성과 안목, 라이프스타일이 듬뿍 담긴 멋진 곳이 탄생하고, 이런 제안
에 끌리는 고객들이 단골이 된다.

일본의 WTW 라이프스타일숍은 서핑을 위한 라이스타일 제안을 담은 공간이다. 서핑을 좋아하는 사람이라면 눈이 휘둥그레질 만한 서핑 전문 용품뿐만 아니라 파도치는 해안가 라이프를 떠오르게 하는 가구, 생활용품도 함께 판매한다. 시원한 비취색과 하늘색을 메인 색상으로 사용하며, 자연 소재를 그대로 사용한다. 최근에는 주택 디자인까지 제안을 확장하고 있다.

라이프스타일 비즈니스라면 매출, 고객 수, 재구매율보다 재방문율, 고객 감동 횟수, 단골이나 팬의 수가 중요하다. 매장에 가려고 생각하는 순간부터 집으로 돌아온 후까지 고객에게 그들이 꿈꾸던 자신을 만나는 시간

서핑 라이프스타일을 한눈에 보여주는 WTW 아오야마(Aoyama) 매장 (wtwstyle.com, @wtwstyle)

당신의 라이프 스타일을
사겠습니다

을 선사해야 한다. 따라서 라이프스타일 비즈니스 매장은 구매 목적이 아니더라도 고객이 자주 방문토록 유도해야 하고, 이를 위해서는 매장 내 변화가 필요하다. 제품이나 서비스, 또는 전시 물건, 공간 인테리어에 변화를 주어 〈매장 방문〉이라는 행동 자체가 고객 라이프스타일의 일부가 되도록 해야 한다.

가장 명확한 목적 구매 매장을 꼽으라면 안경점이 그러하다. 안경을 맞추려고 가는 경우가 아니라면 우리는 안경점에 방문하지 않는다. 그렇다고 변화를 주기 위해 매장의 안경테 재고를 계속해서 늘릴 수는 없는 노릇이다. 안경 브랜드 젠틀몬스터GentleMonster는 매장 중앙에 아주 독특한 조형 예술 작품이나 유명 작가의 작품을 배치한다. 안경과 전혀 상관없는 작품들이 전시되고, 주기적으로 작품을 바꾼다. 온라인에서도 독특한 작품을 통해 고객 방문을 유도한다.

매장의 간판, 익스테리어, 인테리어, 집기, 복장, 음악, 향기, 고객 응대 서비스도 제안하는 라이프스타일과 꿈꾸는 삶의 순간을 지원해야 한다. 서비스는 친절한 것이 항상 최선이 아니다. 미니멀리스트들은 직원들과 불필요한 접촉을 원하지 않는다. 반대로 본사 정책으로 대기 고객에게 진동벨을 주지 않는 스타벅스와 블루보틀은 음료가 준비되면 고객의 이름을 부른다. 이것은 고객과의 친근한 유대를 갖기 위한 정책이었지만, 한국에서는 유대감도, 편리함도 주지 못하는 애물단지 정책이 되어 있다.

◀ 1929년부터 3대째 영업을 해 온 유명한 바르셀로나 타파스 바. 나무 간판은 1929년에 그렸을 법한 디자인이다. 상호로 바르셀로나 지역 고유 언어인 카탈루냐어를 사용한다. 가게 이름은 〈샴페인〉이라는 뜻인데, 직접 샴페인 〈Estevet〉을 만들기 때문. 입구와 매장 천장에는 가죽 술병, 햄, 치즈가 매달려 있다. 식사 시간에 가면 가게 안은 손님들로 발 디딜 틈이 없다. 사람 사이가 가까워 모르는 사람과도 자연스럽게 친구가 된다. 아래는 〈Top Tapas Barcelona Guide〉에 이곳이 소개된 페이지. (@el_xampanyet)

▲ 같은 타파스 바라도 단정하고 모던한 형태로 인테리어된 곳이다.
고객에게 현대적인 서비스와 다른 사람에게 방해 받지 않는 충분한 공간을 제공하지만,
옆 사람과 친구가 될 수 있는 분위기는 아니다.
검은 바탕에 흰 고딕체의 단정한 간판이 가게 이미지를 잘 표현한다.
입구에는 가죽 술통 대신 매장을 알리는 SNS 스티커들이 붙어 있다.

(tapeoborn.cat)

온라인 서비스

만약 라이프스타일 제안이 고객과의 직접적인 접촉을 반드시 필요로 하는 경우가 아니라면 웹과 앱, 또는 기존 플랫폼 서비스를 이용할 수 있다. 온라인 서비스의 가장 큰 장점은 지역에 상관없이 많은 사람들에게 쉽게 알리고 제안할 수 있다는 점이다. 자체적으로 독립적인 웹사이트나 모바일 앱을 개발해 서비스하려면 많은 투자가 필요한 경우도 있다. 기존 소셜 미디어, 오픈 마켓, 풀필먼트 서비스fulfillment service, 콘텐츠 거래나 구독 플랫폼 등을 활용하면 쉽게 고객에게 접근할 수 있다. 대신 수익이나 고객 정보, 저작권, 독자 브랜딩, 차별적인 서비스의 전체 또는 일부를 희생해야 할 수 있다.

예를 들어 직접 의상을 디자인하거나 제작하지 않고 코디만으로 특정 라이프스타일을 제안하려면 〈에이블리Ably 파트너스〉와 같은 여성 의류 풀필먼트 서비스를 고려할 수 있다. 에이블리 파트너스에 등록된 의상 업체들로부터 옷을 사서 라이프스타일에 맞게 코디한 사진을 등록하면 에이블리 모바일 앱에 노출된다. 판매가 일어나면 사입, 포장, 배송, 교환 등 주문 처리와 고객 응대, 재고 관리, 마케팅 등 나머지 모든 처리는 에이블리가 담당한다. 파트너는 자신의 독특한 안목으로 큐레이션만 하는 셈이다. 대신 매출의 10%만 자기 수익으로 가져간다. 이런 플랫폼의 장점은 큰 위험 부담 없이 자신의 패션 제안을 시험해 볼 수 있다는 것이다.

자체 앱을 개발할 생각이라면 크로스 플랫폼 개발 언어cross platform programming language 사용을 고려한다. 아이폰과 같은 iOS 환경과 갤럭시 폰과 같은 안드로이드 환경이 공존하므로 원래는 같은 앱을 두 개의 운영 환

"셀러 상생 창업 지원 프로그램"

에이블리 파트너스
ABLY PARTNERS

에이블리 파트너스 풀필먼트 서비스 ⓒ에이블리

경에 맞게 각각 개발해야 한다. 하지만 크로스 플랫폼 언어는 한 번만 개발하면 두 개 이상의 환경에서 구동할 수 있는 형태로 변환해 준다. 플루터Flutter, 리액트 네이티브React Native 등이 있다. 화면 수가 많고, 그래픽이 화려하고, 여러 사람이 동시에 접속해 활동하고, 금융 거래가 오가는 서비스는 개발 난이도가 높다. 앱 프로그램을 자체적으로 개발하면 개발로 끝나지 않는다. 여러 가지 이유로 프로그램을 고쳐야 하는 경우가 반드시 생기기 때문이다. 자신이 개발자가 아니라면 개발된 프로그램의 유지 보수 방안을 미리 생각해 두지 않으면 개발해 놓고 쓰지 못하는 경우가 생긴다.

쇼핑몰이라면 앱을 개발하지 않고도 웹으로 개발해 PC나 스마트폰 등화면 크기에 따라 자동으로 화면 표시 형태를 달리해 줄 수 있다. 최근에는 네이버 스마트스토어, 카페24, 쇼피파이(Shopify, 북미지역), 쇼피(Shopee, 동남아지역)에서 몇 시간 만에 스마트폰으로 결제가 가능한 쇼핑몰을 만들 수 있다.

온라인 서비스라고 오프라인 매장과 다르지 않다. 고객이 자주 방문토록 해야 하고, 방문하고 머무는 행동 자체가 라이프스타일의 일부가 되도록 해야 한다. 앱 프로그램이나 웹사이트, 소셜 미디어 계정 화면도 제안하는 라이프스타일과 가치관에 맞게 디자인되어야 한다.

독립 제작판매사

특정 제품에 대한 전문적인 지식과 경험이 있다면 그러한 제품을 직접 또는 외주로 생산해 판매하는 전문 기업이 될 수 있다. 책을 예로 들면 디자인부터 인쇄, 제본 등을 모두 직접 수행할 수도 있지만, 원고 소싱과 마케팅만 전문으로 하고 나머지 제작, 배송, 유통 과정은 전문 업체에게 외주로 맡기는 출판사가 될 수도 있다. 화장품을 제작하는 일은 꽤 어려워 보이지만, 한국콜마나 코스맥스 같은 화장품 전문 ODMoriginal development manufacturer 업체를 이용하면 성분, 기능, 향, 색, 점성, 제형 등 고객 수준의 요구사항만으로도 자신만의 화장품을 만들어, 수천 개 단위로 생산할 수 있다. 이런 경우 제조사는 ODM 업체가 되고, 자신은 마케팅과 유통, 판매를 담당하는 제조판매사가 된다. 공산품의 경우는 중국 알리바바Alibaba.com에서 가장 적합한 업체를 찾아 주문 제작을 의뢰할 수 있다.

다품종 소량 생산할 수 있는 제작 도구들이 보급되고 있으므로 적은 양으로 시작한다면 이런 기기들을 찾아보자. 음료를 쉽게 캔 형태로 만들어 주거나 밀 키트 플라스틱 용기를 밀봉하는 기기도 있다. 여러 가지 재료를 녹여 쌓아 올리는 3D 프린터도 다양하게 활용된다. 간단한 도기 제작을 위한 소형 전기 가마도 있다.

매월 전 세계 1억 명 이상이 접속하는 로블록스Roblox에서는 사용자가 직접 게임을 만들어 배포할 수 있다. 초등학생도 게임을 만들어 돈을 벌기도 한다. 실물이 아닌 콘텐츠로도 독립 제작판매사가 될 수 있다. 언리얼 Unreal, 유니티Unity 같은 3D 게임 엔진들도 코딩을 줄이고 다양한 라이브러리를 제공하면서 점차 애니메이션 영상이나 실사 게임 제작의 문턱을 낮추고 있다. 미래에는 실물 옷을 제작하는 패션 디자이너보다 아바타를 위한 옷을 제작하는 패션 디자이너나 제조판매사가 더 많은 돈을 벌지 모른다.

위워크WeWork나 패스트파이브FastFive와 같은 공유 오피스에는 2~8인실 사무실들이 있는데, 여기에는 새로운 스타트업들이 빠르게 들고 나간다. 이곳을 둘러보면 어떤 기업들이 창업되는지 알 수 있는데, 가장 많이 입주하는 회사들은 IT 쪽으로 게임, 인공지능, 블록체인, 앱 플랫폼 기업들이 많다. 그 외에 유튜브 크리에이터, 간편 요리나 식품 프랜차이즈, 반려동물 사업, 디자인 부티크, 독립 출판사, 화장품 제조판매사 등이 많이 보인다. 공유 오피스는 회의실, 프린터, 휴식 공간, 다과 등 회사 운영에 필요한 편의가 제공되는 대신, 인당 임대 비용이 높은 편이다.

라이프스타일 브랜딩

브랜드는 무언가를 대표하는 이름이다. 그저 다른 제품과 구별해 부르기 위한 목적이라면 그것은 그저 이름일 뿐, 브랜드가 아니다. 럭셔리 생수로 에비앙을 떠올리고, 미니멀 디자인하면 무지가 떠오르고, 이케아가 북유럽 가구를 대표한다면 그것은 브랜드이다. 브랜드가 아무리 사소하고 작은 것이라도 무언가를 대표하고 있다면 그 브랜드는 생존한다. 하지만 브랜드가 대표성을 상실하고 호칭으로 전락하면 브랜드는 죽고 제품은 가성비 경쟁으로 들어간다.

브랜드가 대표하는 것이 고객에게 중요하고, 희귀하고, 고객과 오래 함께할수록 브랜드의 가치는 올라간다. 그렇다면 가치 소비 시대에 하나의 브랜드가 대표할 가장 이상적인 대상은 무엇일까?

고객이 가장 중요하게 생각하는 것은 무엇일까? 그것은 사람마다 각기 다를 것이다. 누군가에게는 건강이고, 누군가는 가족이고, 누군가는 돈이다. 우리는 그것을 가치관이라 부른다. 이상적인 삶의 모습, 꼭 이루고 싶은 인생 사명, 지키고 싶은 가치가 가치관에 담겨 있고, 우리는 이런 가치관에 따라 어떤 생각이나 행동을 반복하는데, 이것이 곧 라이프스타일이다. 따라서 브랜드가 고객에게 중요한 무언가를 대표해야 한다면 그것은 고객의 핵심 가치나 라이프스타일이 가장 이상적인 대상이다.

브랜드가 무엇을 대표할 때 고객과 오래 함께할 수 있을까? 결혼을 대표하는 브랜드는 인생에서 결혼을 준비하는 1~2년만 고객과 함께한다. 취업을 대표하는 브랜드는 취업을 준비하는 2~3년의 인생을 점유한다. 20대를 대표하는 브랜드는 길어야 10년 동안 고객이 찾는다. 실버silver라는 키워드로 브랜딩하면 고객이 60대 이상 되어야 관심을 보인다. 고객과 평생 함께하고 또 그 자녀에게까지 대물림하면서 인생 점유율을 높이려면 브랜드는 무엇을 대표해야 할까? 이 역시 가치관이고 라이프스타일이다. 환경을 중요하게 생각하고 환경 보호를 실천하는 부모 밑에서 큰 아이들은 그런 가치관을 가질 확률이 높다. 몸이 아파서 건강에 각별히 신경 쓰는 부모는 유전적으로 비슷한 자녀에게도 건강의 중요성을 강조한다. 이런 가치관의 유전은 가치 소비 형태로, 브랜드 대물림으로 나타난다. 브랜드의 생존과 지속 가능성은 이때 극대화된다.

〈건강〉하면 어떤 브랜드가 떠오르는가? 브랜드가 너무 넓은 범위를 대표하면 그런 대표성을 만드는 데 엄청난 투자가 필요하다. 하지만 〈비건vegan으로 누리는 건강한 삶〉으로 대표성의 범위를 좁히면 브랜드 대표성을 얻기 쉬워진다. 〈비건 단백질 요리 전문가〉로 더 좁히면 대표성은 얻기 쉬워지지만 여기에 공감하는 잠재 고객 대상은 점점 적어진다. 대표하는 범위가 최대로 좁아지면 아마도 거기에는 〈나 자신〉이라는 고객 한 사람만 남을 것이다. 대신 그 대표성은 매우 희소한 것이 된다. 따라서 브랜드가 대표하는 대상은 가장 작게는 자기 자신부터 가장 크게는 모든 인류가 될 수 있고, 대체로 그 사이 어디쯤 위치한다. 대체로 고객 범위가 작아질수록 브랜드 희소성이 살아난다. 가장 이상적인 범위는 자신이 원하는 수입을 얻을 수 있는 고객 범위를 포괄하는 대표성을 갖는 것이다. 〈비건 단백질 요리 전문가〉로도 충분한 수입을 얻을 수 있다면 대표성의 범위를 넓힐 필요가 없다. 하지만 이 정도 대표성으로 사업을 운영하는 데 충분한 수입이 안 된다면 〈비건으로 누리는 건강한 삶〉으로 범위를 넓혀야 할 것이다. 그러면 희소성은 옅어지고 경쟁은 심해진다.

결론적으로 하나의 브랜드는 하나의 가치관, 즉 하나의 라이프스타일을 대표할 때 브랜드 가치가 극대화되고, 지속 가능성이 가장 높아진다. 이케아는 가구, 침구, 잡화, 주방용품, 식품 등 모든 제품을 이케아라는 스웨디시swedish 라이프스타일 브랜드 하나로 대표한다. 영화 「아메리칸 셰프」의 쿠바식 샌드위치를 파는 푸드 트럭에는 쿠바 언어인 스페인어로 〈EL JEFE, CUBANOS〉라고 붉은 대문자로 쓰여 있고, 배경으로 야자수와 노란 태양이 빛난다. 간판의 글자는 〈더 셰프The Chef, 쿠바식Cuban〉이라는 의미이다. 셰프의 자부심과 쿠바의 열기가 간판에서 뿜어져 나온다. 일본 영화 「빵과 스프, 고양이와 함께하기 좋은 날」에 나오는 미니멀 라이프스타일 식당인 〈샌드위치 에sandwich à〉의 간판은 유리문에 흰 고딕체로 작고 깔끔하게 이름만 붙인 것이 다이다. 그날그날 주인장이 선택하는 샌드위치와 국, 단 한 가지 메뉴밖에 없는 식당의 분위기를 잘 나타낸다. 식당 형태의 라이프스타일 비즈니스를 염두에 두고 있다면 이 두 영화는 꼭 보기 바란다. 꼭 자신의 키워드에 요리가 없어도 누군가의 인생 키워드가 라이프스타일 비즈니스가 되는 과정을 간접 경험할 수 있다.

자신이 제안할 라이프스타일에 맞는 하나의 이름을 정하자. 브랜드를 표기할 폰트와 브랜드 색상도 함께 정의한다. 여기에 브랜드 스토리까지

JON FAVREAU
SOFIA VERGARA
JOHN LEGUIZAMO
SCARLETT JOHANSSON
OLIVER PLATT
BOBBY CANNAVALE
WITH DUSTIN HOFFMAN
AND ROBERT DOWNEY JR.
Starting from scratch never tasted so good.
WRITTEN AND DIRECTED BY
JON FAVREAU
CHEF
EL JEFE
MAY 2014
ChefTheFilm
#ChefMovie
OPEN ROAD
THIS FILM IS NOT YET RATED

パンと
スープと
ネコ日和

빵과 스프,
고양이와 함께 하기 좋은 날

주인공 아키코다운 인테리어, 익스테리어, 브랜드, 로고, 간판, 메뉴, 조명, 식기, 서비스 방식으로 꾸며진 〈샌드위치 에〉 식당.

▲ 메뉴가 매일 바뀌니 재방문이 일어난다.

"가게에서 커피는 안 파는 거야?
아키코 씨 답네."
남들을 따라하지 않고 누가 봐도 〈나 답게〉

"비슷한 느낌의 손님들이 많이 오는 거요.
이 가게 생김새 때문에 그런 느낌이 드는 건가?"
주인의 라이프스타일 제안에 끌리는
비슷한 분위기의 손님들이 많이 찾게 된다. 〈동질감〉

"저는 가게에 있는 아키코 씨의 모습을 볼 때면
'자신에게 꼭 맞는 장소에 있다'는 느낌이 들어요."

아키코는
식사하다가 잠이 든
임산부를
식당에 딸린
자기 집으로 데려가
재워준다.
그렇게 감동한 고객은
아이를 출산한 후에도
아이와 함께
식당을 찾는
팬이 된다.
〈고객 감동〉

모녀 3대가 〈샌드위치 에〉를 찾았다.
라이프스타일은 나이로 고객을 가르지
않는다. 90세 노인도 밥보다 빵을 좋아
할 수 있다.

있다면 금상첨화이다. 이를 BIbrand identity라고 한다. 미니멀하고 깔끔한 라이프스타일이라면 고딕 계열 폰트를 사용하고, 럭셔리하고 풍부한 라이프스타일이라면 명조체나 꾸밈이 있는 글꼴을 고려한다. 자연주의 라이프스타일이라면 정이 가는 손글씨체가 어울린다.

추구하는 라이프스타일은 어떤 형용사로 대표할 수 있는가? 다음 매트릭스에 자신의 라이프스타일을 대표하는 형용사를 포함하는 원을 그려보자. 앞서 작성했던 라이프스타일 캔버스 속에 보이는 형용사들을 참고해도 좋다.

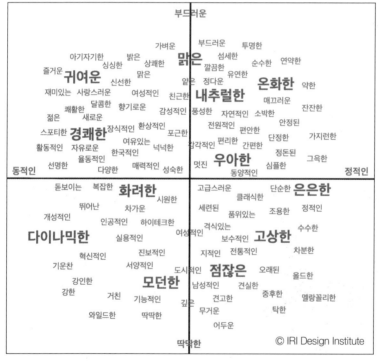

형용사 매트릭스

각 색상에는 고유한 인상이 있다. 서핑 라이프스타일을 제안하는 WTW
는 당연히 파란색, 비취색, 하늘색과 같은 바다색을 메인 컬러로 한다.
WTW가 보라색이나 빨강을 메인 색상으로 사용한다면 이질감이 느껴질
것이다. 이케아는 스웨덴 국기의 색상을 그대로 BI에 채용했기 때문에 남
색과 노랑을 브랜드 컬러로 사용한다.

앞서 그렸던 형용사 원을 다음에 있는 배색 매트릭스에 그대로 옮겨 그
리면 원하는 심상을 떠올리게 하는 색상에 대한 힌트를 얻을 수 있다. 이
를 참고하여 자신의 라이프스타일 제안에 적합한 브랜드 컬러를 정하고,

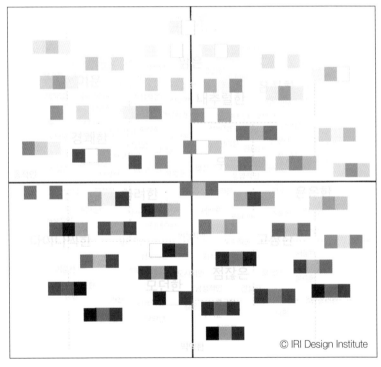

© IRI Design Institute

배색 매트릭스

제안 전반에 걸쳐 일관되게 활용한다. 하지만 지나치게 전형적인 색상을 선택하면 차별이 안 되기도 한다. 은행은 모두 신뢰감을 주는 파란색이고, 자연주의 브랜드는 모두 녹색인 것처럼 말이다. 이런 때는 선택한 색상과 같은 명도와 채도의 이웃 색상을 선택함으로써 차별을 꾀할 수 있다. KB 국민은행은 은행의 전통적인 파랑에서 벗어나 중간색인 편안한 노랑과 무게감 있는 회색으로, 쉽게 기억되지만 신뢰감을 주는 현대적인 색상을 CIcorporate identity로 채택했다.

브랜드 이름을 정하는 것보다 더 어려운 것이 이것을 사용할 수 있을지 확인하는 일이다. 우선 같은 업종에서 같은 이름을 누군가 이미 사용하고 있다면 아무리 좋은 이름이라도 사용할 수 없다. 다른 사람이 브랜드 가치를 높이기 위해 지금까지 투자했던 지적 재산을 침해하는 일이기 때문이다. 가구를 취급하면서 이케아라는 이름을 자기 브랜드로 사용할 수 없는 노릇이다.

먼저 특허정보 검색 서비스kipris.or.kr에서 상표가 등록되어 있는지 확인한다. 업종이 완전히 다르다면 상표 등록을 승인해 주기도 하지만, 만약에 나중에 다른 업종으로 확장할 것을 고려한다면 그 브랜드는 사용하기 어렵다. 만약 브랜드 이름을 회사명으로도 사용하려면 인터넷 등기소iros.go.kr에 등록된 상호명 중복도 확인해야 한다. 상표의 국내 조회 및 등록 과정은 공인 인증서가 있다면 온라인에서 모두 처리할 수 있다.

그리고 홈페이지나 온라인 서비스를 만들려면 인터넷 도메인domain도 확보할 수 있는지 확인해야 한다. 브랜드명이 짧다면 .com이나 .co.kr 같은 인기 도메인은 이미 점유되어 있을 가능성이 높다. 후이즈whois.co.kr나 카페

24 같은 인터넷 도메인 사이트에서 후보 브랜드명이나 회사명으로 검색해 본다. 해당 이름의 웹사이트가 이미 있다면 업종이 겹치지 않는지 확인할 필요가 있다. 같은 업종이라면 상표권도 겹칠 가능성이 있기 때문이다. 요즘에는 확보하기 어려운 .com이나 .co.kr 대신 .biz, .beauty, .show과 같은 카테고리 확장자나 .io, .ai, .co 같이 외우기 쉬운 국가 도메인 확장자를 사용하는 경우도 있다.

상호, 상표, 도메인을 확인하고 등록까지 마쳐야 비로소 브랜드 이름을 상업적으로 사용할 준비가 끝난다. 글로벌 서비스나 향후 해외 확장을 고려하면 이 과정은 더 복잡하고 어려워진다.

캘리포니아 나파 밸리(Napa Valley) 북부 도시인 세인트 헬레나(St. Helena)에서 발견한 독특한 외관의 매장. 담쟁이덩굴이 사각형의 석조 건물을 뒤덮고 있고, 앨런(Alan's)라는 필기체 간판이 전부이다. 이곳은 무엇을 하는 곳일까?

나파 밸리 중앙로인 29번 세인트 헬레나 하이웨이를 따라가다 보면 수많은 빈야드(vineyards)와 와이너리(winery) 외에도 독특한 숍들을 많이 발견할 수 있다.

이곳은 1977년에 개업한 앨런(Alan) 부부의 가게이다.
그의 라이프스타일 비즈니스는 프레이머(framer)이다.
프레이머란, 고객의 요청에 따라 커스텀 액자를 제작하는
사람이다. 매장 안에는 각양각색의 V자형 프레임들이
벽지처럼 벽을 장식하고 있다.
그는 프레임이란 그것이 담는 사진이나 그림을
배경과 연결하는 하나의 작품이라고 정의한다.
커스텀 프레임 외에도 나파 밸리의 수요에 맞
춰 와인 등 제품 사진 촬영, 대형 인쇄 등으로
서비스를 확장하고 있다.

(alansframes.com)

라이프스타일 비즈니스 모델링

앞서 정의한 자신의 라이프스타일 제안에 추가적인 요소를 덧붙여 확인할 것이다. 이를 위해 다음 질문들에 답해야 한다.

환경 분석/시의적절성	왜 아직까지 당신의 라이프스타일 제안이 없었던 것일까?
	고객은 현재 이용하는 대안에 만족하는가?
	시기가 적절한가?
경쟁자 분석/ 경쟁 전략	경쟁자나 잠재 경쟁자는 누구인가?
	당신이 등장했을 때 그들은 어떻게 대응할 것인가?
	그들을 어떻게 이길 수 있는가?
수익 모델/ 수입	고객으로부터 어떻게 수입을 얻는가?
	그들의 재방문율은 얼마인가?
	그들은 1년에 얼마를 여기에 쓰는가?
장애요인/해결방안/ 필요자원/비용	사업 추진에 장애요인이나
	반드시 필요하지만 준비되지 않은 자원(인재, 기술, 자본 등)이 있는가?
	어떻게 해결할 것인가?
	사업 시작과 운영에 어떤 비용이 얼마나 드는가?
라이프스타일 제안 확장	라이프스타일 제안은 어떻게 확장되는가?
	당신의 노동이 계속 투입되어야 하는 구조인가?

라이프스타일 비즈니스 모델 캔버스

고객과 공유하는 가치와 인생 키워드
(나의 〈무엇〉을 활용하여) 세상에 〈어떠한 무엇〉을
〈어떻게 무엇〉한다.

고객과 함께 꿈꾸는 삶의 모습
• 오감이 〈어떻게〉 만족되어 〈어떠한 감정〉을 경험하는 행복한 순간

매력적인 라이프스타일 제안
• "이렇게 살아보는 건 어때요?"라는 제안과 제안의 구성 요소 큐레이션

• **제상품**: 제품(직접 제조), 상품(구매해 판매)
• **서비스**: 고객의 시간을 소비하는 활동
• **보조물**: 음악, 식물, 커피, 조명, 콘텐츠, 숙박 등
• **상징물**: 라이프스타일을 상징하는 오브제

• **고객**: 인생 키워드와 라이프스타일로 구분되어, 이 라이프스타일 제안을 자신의 라이프스타일로 받아들일 고객군의 특징
• **고객 키워드**: 이런 고객군을 발견하는 키워드, 그들이 관심 갖고, 대표하고, 모이는 키워드

라이프스타일 제안 확장
• 라이프스타일 제안은 어떻게 확장되는가?
• 당신의 노동이 계속 투입되어야 하는 구조인가?

수익 모델 / 수입
• 고객으로부터 어떻게 수입을 얻는가?
• 그들의 재방문율은 얼마인가?
• 그들은 1년에 얼마를 여기에 쓰는가?

브랜드 아이덴티티(BI)
• 브랜드명: OOO
• 인터넷 도메인: OOO.com
• 로고 디자인:
• 색상 팔레트:

환경 분석 / 시의적절성
• 왜 아직까지 당신의 제안이 없었던 것일까?
• 고객은 현재 사용하는 대안에 만족하는가?
• 시기가 적절한가?

경쟁자 분석 / 경쟁 전략
• 경쟁자나 잠재 경쟁자는 누구인가?
• 당신이 등장했을 때 그들은 어떻게 대응할까?
• 그들을 어떻게 이길 수 있는가?

장애요인 / 해결 방안 / 필요자원 / 비용
• 장애요인이나 준비되지 않은 필요 자원이 있는가? 어떻게 해결할 것인가?
• 사업 시작과 운영에 어떤 비용이 드는가?

WHY: 가치와 인생 키워드, 꿈꾸는 삶

고객과 공유하는 가치와 인생 키워드		브랜드 아이덴티티(BI)
고객과 함께 꿈꾸는 삶의 모습		
매력적인 라이프스타일 제안		환경 분석 / 시의적절성
• 제상품: • 서비스: • 보조물: • 상징물:	• 고객: • 고객 키워드:	경쟁자 분석 / 경쟁 전략
라이프스타일 제안 확장	수익 모델 / 수입	장애요인 / 해결방안 / 필요자원 / 비용

당신의 라이프 스타일을
사겠습니다

이미 2장과 3장에서 완성한 부분으로, 라이프스타일 비즈니스가 다른 비즈니스 모델과 가장 다른 부분이다. 비즈니스가 고객과 함께 꾸는 꿈이 있는가? 살면서 함께 지켜가고자 하는 가치가 있는가? 이것이 라이프스타일 비즈니스의 근본적인 차이를 만들고 차별성과 지속 가능성을 보장한다.

인스타그램에 올릴 사진을 찍기 위해 한 번 방문하고 마는 곳은 진정한 라이프스타일 비즈니스가 아니다. 그런 고객은 평생 고객이나 팬이 되지 못한다. 고객이 바라는 삶을 함께 고민하고, 자신과 고객이 이루고 싶은 세상을 함께 만들어 가는 인생 동반자가 라이프스타일 비즈니스와 라이프스타일 브랜드인 것이다.

공유 가치로 연결된 고객은 가격이나 유행 때문에 다른 브랜드로 떠나지 않는다. 나이나 소득, 결혼 같은 인구통계학적인 요인이 변해도 꿈꾸는 삶과 가치관이 바뀌지 않았다면 라이프스타일을 유지한다. 나의 제안이 고객의 라이프스타일의 일부가 되었다면 장기적이고 끈끈한 관계가 만들어진다.

WHO: 잠재 고객과 그들의 키워드

고객과 공유하는 가치와 인생 키워드 why		브랜드 아이덴티티(BI)
고객과 함께 꿈꾸는 삶의 모습		
매력적인 라이프스타일 제안		환경 분석 / 시의적절성 when
• 제상품: • 서비스: • 보조물: what • 상징물:	• 고객: who • 고객 키워드:	경쟁자 분석 / 경쟁 전략 where
라이프스타일 제안 확장	수익 모델 / 수입 how	장애요인 / 해결방안 / 필요자원 / 비용

당신의 라이프 스타일을
사겠습니다

라이프스타일 비즈니스에서 고객의 가장 큰 욕구와 문제는 그들이 현재 꿈꾸는 삶을 살지 못하고 있다는 것이다. 이상과 현실의 갭을 발견하고 그것을 채우는 것이 라이프스타일 비즈니스의 핵심이다. 또는 고객이 바라는 삶의 모습을 아직 찾지 못했을 수도 있다. 막연하게 바라는 이상은 있지만 그것이 어떻게 현실에서 구현되어 행복을 경험하는지 모르기 때문이다. 라이프스타일 비즈니스는 그런 순간을 현실에 실현하고 고객에게 제안한다.

　　라이프스타일 비즈니스에서는 일반 비즈니스처럼 고객을 나이, 성별, 소득 수준과 같은 인구통계학적인 요소들로 세그먼테이션segmentation하지 않는다. 60대 나이에도 젊은 감성을 가지고 힙하게 사는 노인들이 있다. 그들은 피자와 햄버거를 먹고, 힙합에 맞춰 몸을 흔들며, 록 페스티벌에 참석한다. 그들의 돈과 시간 소비 패턴만 보면 젊은 감성 라이프스타일에 더 가깝다. 여성보다 자신의 외모에 많은 돈과 시간을 투자하는 남성들도 있다. 그들은 남성용이 아닌 여성용 화장품과 미용 제품들을 쓰고 평가한다. 그들의 안목은 웬만한 여성보다 높다. 가치는 나이를 타지 않는다. 〈20대 여성을 위한 친환경 브랜드〉처럼 인구통계학적 요인과 가치가 섞인 카피는 어색하다. 진정한 친환경 브랜드라면 성별과 나이에 무관하게 받아들여지고 사랑받을 수 있다.

　　이것은 STPSegmentation-Targeting-Positioning 방법론에 익숙한 기존 마케터들을 매우 혼란스럽게 만든다. 인구통계학적 지표처럼 쉽게 얻을 수 있는 개인 정보가 아니면 도대체 무엇으로 고객군을 나눠야 한다는 말인가? 고객의 가치관과 꿈꾸는 삶, 라이프스타일은 어떤 개인 정보에 근거하는가? 이 점이 바로 대기업이 라이프스타일 비즈니스를 어려워하는 이유이고, 개인이나 소기업이 라이프스타일 비즈니스에서 경쟁력을 가질 수 있는 포인트이기도 하다. 당신 연인이나 배우자, 친한 친구들이 어떤 삶을 살고 싶어 하는지, 어떤 가치에 민감한지, 무엇에 여윳돈과 여유 시간을 소비하는지 알고 있는가? 우리는 그들과 자주 만나고, 대화하고, 연락하면서 그것을 자연스럽게 알게 된다. 그것은 빅데이터 분석이나 인공지능이 아닌 따뜻한 마음과 관심으로부터 얻어지는 값진 개인 정보이다.

여기서 전형적인 고객 페르소나persona를 정의하는 것은 도움이 되지만, 이때도 〈사회 초년생 26세 남성 아무개〉라는 식의 관습에 매몰되지 말자. 그 아무개는 어떤 순간에 무엇에서 행복을 느끼고, 장래에 누구와 어디서 어떤 삶을 살고 싶어 하는지, 기회가 되면 무슨 일들을 하고 싶은지, 삶에서 어떤 이벤트를 기대하는지를 상상하는 것이 더 도움이 된다. 라이프스타일 비즈니스를 설계하는 자신이 그러한 삶을 살고 있거나, 살고 싶을 때 가장 진정성 있고 고객에게 와닿는 제안이 나온다.

라이프스타일 비즈니스는 잠재 고객에게 접근할 수 있는 인구통계학적 지표보다 그들이 꽂히는 키워드에 더 집중한다. 그들은 어떤 키워드에 관심을 가질까, 어떤 키워드로 자신과 같은 라이프스타일을 가진 사람들을 만날까, 어떤 키워드에서 머물까, 어떤 키워드로 대표되기를 원할까? 이런 키워드가 그들에게 접근하는 중요한 단서가 된다.

당신의 라이프 스타일을
사겠습니다

WHEN: 환경 분석, 시의적절성

고객과 공유하는 가치와 인생 키워드	브랜드 아이덴티티(BI)
고객과 함께 꿈꾸는 삶의 모습	
매력적인 라이프스타일 제안	환경 분석 / 시의적절성
• 제상품: • 서비스: • 보조물: • 상징물:	• 고객: • 고객 키워드:	경쟁자 분석 / 경쟁 전략
라이프스타일 제안 확장	수익 모델 / 수입	장애요인 / 해결방안 / 필요자원 / 비용

태양 아래 새것은 없다. 최초의 스마트폰으로서 당시 혁명적이었던 아이폰도 시장에 이미 있던 기술들을 잘 짜깁기한 것이었다. 애플과 스티브 잡스가 없었어도 수년 내에 다른 기업에서 터치패드 기반의 스마트폰을 출시했을 것이다. 당신이 생각하는 라이프스타일 제안은 이미 누군가 생각했던 것일 가능성이 매우 높다. 왜 그런 비즈니스가 아직 없었던 것일까? 아마 이미 있는데 당신이 모르고 있거나, 시장이 충분히 크지 않아 사람들이 시도하지 않았거나, 넘지 못한 장애요인이 있거나, 이제 막 부상하고 있기 때문일 것이다.

이미 경쟁자가 있다는 것은 시장이 있다는 의미이므로 도리어 긍정적인 신호다. 아직 초기 시장이라면 시장이 커지면서 고객을 확보할 수 있다. 대기업이 뛰어들면 그들이 자금을 들여 고객을 설득하고 시장을 더 크게 열어주기도 한다.

사업을 시작하는 데 있어 정작 심각한 것은 시장이 없거나 기존 사업자들이 넘지 못한 장애요인이 있는 경우이다. 이것을 넘어서면 당신은 시장 선도자가 되어 고객을 선점하는 효과를 얻는다. 하지만 그만큼 많은 투자와 리스크가 따른다. 고객의 생각과 행동, 습관을 바꾸는 일이 생각처럼 쉽지 않기 때문이다. 불편한 대안에 익숙해진 고객은 신박한 제안이 있어도 좀처럼 습관을 바꾸지 않는다. 인간은 본래 논리적이고 이성적인 동물이 아니다. 아주 오랫동안 본능과 직관에 의존해 생존해 온 종족이다.

이것이 자신의 라이프스타일과 관련된 포스트모더니즘과 같은 거시적인 변화, 환경 보호 가치에 대한 냉정한 평가, 국가 간의 이해득실, 경기의 큰 흐름 변화, 인공지능, 유전공학 같은 신기술의 응용 범위와 한계에 대해 이해하고 있어야 하는 이유이다. 이런 요인들은 인류의 사고방식과 가치관에 서서히, 하지만 확실히 영향을 주기 때문이다.

당신과 같거나 비슷한 제안을 하는 곳이 있는가? 있다면 그 사업은 잘되고 있는가? 직접 방문하거나 이용해 보자. 만약 그런 사업을 하는 곳이 없거나 사업이 잘되고 있지 않다면 그 이유는 무엇인가? 나는 극복할 수 있는 원인인가?

WHERE: 경쟁 분석과 경쟁 전략

고객과 공유하는 가치와 인생 키워드	**브랜드 아이덴티티(BI)**
고객과 함께 꿈꾸는 삶의 모습	
매력적인 라이프스타일 제안	**환경 분석 / 시의적절성**

• 제상품: • 서비스: • 보조물: • 상징물:	• 고객: • 고객 키워드:	**경쟁자 분석 / 경쟁 전략**
라이프스타일 제안 확장	**수익 모델 / 수입**	**장애요인 / 해결방안 / 필요자원 / 비용**

당신의 라이프 스타일을
사겠습니다

사업을 계획하면서 쉽게 간과되는 것이 경쟁자의 존재이다. 사업 아이디어를 발전시키다 보면 내 것이 새롭고 좋아 보이는 확증 편향에 빠져 경쟁자가 눈에 들어오지 않는다. 명백한 경쟁자가 보여도 그들의 능력을 무시한다. 언제든지 시장에 뛰어들어 작은 경쟁자들을 죽이고 시장을 집어삼킬 자원이 있는 자들을 과소평가한다. 그들은 당신만큼 똑똑하고, 당신만큼 고민하고 있으며, 당신만큼 창의적이고 열정적이며 실행력이 높다. 거기에 더 많은 돈과 인력, 지식을 가지고 있다. 사업을 시작하려면 일단 그렇게 가정하는 편이 경쟁자가 없는 것처럼 생각하는 것보다 낫다. 하지만 그들을 두려워하거나 신처럼 생각할 필요는 없다. 결국 인간이 하는 일이고, 늘 허점이 있기 마련이고, 모두를 만족시키지는 못한다. 아무리 굳건한 시장 지배자처럼 보여도 그들의 서비스에 사람들은 어떤 불만을 가졌는지, 왜 그러한지 파고들면 비즈니스가 보인다. 세상은 그렇게 발전해 왔다.

게다가 라이프스타일 비즈니스의 장점은 경쟁 관점에서 지금까지와는 완전히 다른 게임 룰로 싸운다는 것이다. 칼싸움의 세계에 총을 들고 나타난 셈이다. 축구에 익숙해진 플레이어들에게 이제부터 자신은 농구로 겨루겠다고 도전하는 것이다. 모든 고객을 꼬셔서 판매하려 들지 않고, 될 만한 고객만을 평생 고객으로 가둔다는 점, 제품 품질이나 기능이 아닌 가치를 내세운다는 점, 스스로 범위를 한정하지 않고 가치 기반에서 자유롭게 확장한다는 점 등 라이프스타일 비즈니스 그 자체로 차별적인 강점이 존재한다.

그럼에도 불구하고 라이프스타일 제안의 구성 요소에서 명백한 경쟁자가 존재한다면 그 나름의 극복 방법을 고민해야 한다. 일본의 고급 쌀집 아코메야는 라이프스타일 비즈니스로서의 강점을 가지고 있지만, 제안의 핵심 구성 요소인 쌀을 취급한다는 점에서 인터넷 쇼핑몰이나 동네 쌀집과 경쟁해야 한다. 동일한 산지의 쌀을 인터넷이나 동네 쌀집에서 더 싸게 구입할 수 있다면 구태여 야코메야 매장까지 찾아오지 않을 수 있기 때문이다. 따라서 가격이 더 싸거나, 유일하게 취급하거나, 품질에 대한 완전한 신뢰를 주거나, 색다른 경험을 제공하는 등 고객이 중요하게 생각하는 가치에서 차별이 있어야 한다. 그러한 믿음과 감동, 만족감이 지속되면 고객은 팬이 되어 더 이상 다른 구매처를 찾지 않게 된다. 아코메야는 산지 재배자의 스토리를 통해 신뢰를 주고, 도정 정도를 고객이 직접 고를 수 있도록 하여 고객이 원하는 밥맛과 영양에 대한 선택권을 주고, 소용량의 샘플러를 판매하여 고객이 다양한 쌀을 접해볼 수 있도록 한다. 또한 매장에서는 밥과 같이 먹을 수 있는 유명 산지의 조미료와 반찬류도 함께 판매해 매장에 들르는 즐거움을 선사한다.

미리 전장을 파악하는 것은 중요하다. 하지만 과거 사실과 데이터를 기반으로 하는 분석에 너무 많은 시간을 쓰지 말자. 길어야 하루 이틀이면 족하다. 분석에 기반한 계획과 시나리오대로 전쟁이 치러지지는 않는다. 내가 이용할 수 있는 환경과 자원, 적의 강점과 약점을 미리 확인하는 정도면 된다.

WHAT: 매력적인 라이프스타일 제안과 구성 요소 큐레이션

고객과 공유하는 가치와 인생 키워드	브랜드 아이덴티티(BI)
고객과 함께 꿈꾸는 삶의 모습	
매력적인 라이프스타일 제안	환경 분석 / 시의적절성
• 제상품: / • 서비스: / • 보조물: / • 상징물:	• 고객: / • 고객 키워드:	경쟁자 분석 / 경쟁 전략
라이프스타일 제안 확장	수익 모델 / 수입	장애요인 / 해결방안 / 필요자원 / 비용

추가적인 비즈니스 모델 요소를 고려하여 이미 작성한 라이프스타일 제안을 다시 검토한다. 하나의 라이프스타일 경험을 완성하는 제품, 서비스, 고객, 보조물, 상징물 등 구성 요소도 다시 검토한다. 어느 하나가 바뀌면 다른 비즈니스 요소도 영향을 받는다. 모델 캔버스 내 모든 요인들은 서로 영향을 주고받는다.

라이프스타일 제안의 핵심 구성 요소에 대해서 고객이 인지하는 차이는 아주 미세하다. 고객의 인생 키워드이기도 한 이런 요소에서 고객은 아주 미묘한 차이에 감동하기도 하고, 실망하기도 한다. 커피가 키워드인 라이프스타일 비즈니스에서는 다른 구성 요소보다 커피 맛이 가장 중요하다. 커피가 인생 키워드인 고객들이 그런 차이를 알고 그 카페를 찾는 것이다. 따라서 전체 라이프스타일 제안 큐레이션에서 커피 빈의 구매, 선별, 로스팅, 블렌딩, 글라인딩, 드리핑 과정 하나하나가 카페 인테리어나 디저트, 고객 응대 서비스, 음악이나 조명 같은 보조물보다 중요하다. 인생 키워드가 일치하는 사람들이 만나면 자연스럽게 대화가 피어나고, 아이디어와 경험이 오가고, 미소가 지어지고, 가슴이 뛰고, 신뢰가 쌓인다.

따라서 구성 요소를 세심히 설계하는 라이프스타일 디자이너는 자신이 그 라이프스타일을 꿈꾸거나 살고 있는 사람이어야 한다. 커피가 인생 키워드인 사람이어야 커피 라이프스타일 비즈니스 제안을 만들 수 있다는 것이 일견 당연해 보이지만, 일반적인 비즈니스에서는 제품이나 서비스를 기획, 설계하는 사람과 이용하는 사람의 인생 키워드가 전혀 다르다. 환경에 일절 관심 없는 사람이 상사의 지시로 친환경 화장품 브랜드를 런칭하고, 환경을 파괴하는 제품을 홍보했던 마케팅 대행사가 그 친환경 브랜드 마케팅을 수주받아 대행한다. 회사를 은퇴하고 노년 수입을 위해 생전 마서보지도 않았던 커피를 팔고, 좋아하지도 않는 치킨집을 차린다. 고객도 필요에 의해서만 조건에 따라 그런 곳을 이용한다. 브랜드나 매장에 대한 애정이 생길 리 없다.

기존 비즈니스에서는 상품개발, 제품기획, 제품마케팅, MD 조직들이 이런 역할을 해 왔다. 이런 개발 조직의 성과 지표는 매출 목표 달성률, 카테고리 시장 점유율, 신제품 출시 개수 등이다. 이런 목표를 가진 조직이 어떻게 일할지는 뻔한 일이다. 해외에서 유행하기 시작했거나 유명 연예인이 사용하는 제품을 빨리 개발해 시장에 내놓는 것이다. 생산과 재고를 늘리고, 최대한 많이 팔기 위해 광고와 프로모션을 한다. 매출이 줄어든 브랜드는 죽이고, 뜰 만한 테마로 새로운 브랜드를 런칭한다.

하지만 라이프스타일 디자이너는 전문적인 식견과 오랜 경험과 안목을 가지고 고객의 행복을 설계하는 사람이다. 라이프스타일 비즈니스의 디자인, 기획, 설계 담당자는 성과 목표부터 기존 조직과 다르다. 이들 목표는 고객과 커뮤니케이션 비율, 고객 감동 횟수, 재방문율, 인생 점유율, 가치 수호 활동 수 등이다. 얼마나 자주 고객과 소통하며, 감동을 주기 위해 노력하고, 구매하지 않더라도 지속적인 방문을 유도하며, 평생 고객의 인생에서 우리가 차지하는 비중을 늘리기 위해 어떻게 제안을 확장해 가며, 고객과 공유하는 가치를 지키고 발전시키기 위해 무엇을 해야 할지 고민한다. 그러면 매출과 이익은 자연히 따라오는 것이다. 이렇게 하면 기업과 브랜드의 지속 가능성을 높여갈 수 있다. 단기적인 매출만 챙기는 조직에서는 불가능한 접근이다. 아무리 사내에서 ESG를 강조하고, 지속 가능 경영을 외쳐봐야 매출이나 이익을 가장 중요한 지표로 섬기는 조직에서는 아무 소용없는 일이다.

라이프스타일 디자이너는 자신의 삶과 가치를 사랑하고 더 아름답고 풍부하게 만들기 위해 노력한다. 그것을 고객과 함께 경험할 수 있는 형태로 구현해 낸다. 설령 그것이 시장을 점령하는 히트 상품이 아니어도, 소규모라도 지속 가능할 정도로 충분한 팬이 존재한다면 그들을 위해 묵묵히 자신의 라이프스타일 제안을 가꾸어 나가는 것이다. 때로 수입에 욕심이 나고 다른 이들의 성공에 질투가 날 때도 있을 것이다. 하지만 인생 키워드가 돈이나 부자가 아니라면 그것은 〈나로 사는 길〉이 아니다. 라이프스타일 디자이너가 돈만을 좇으면 팬은 떠나고 행복 없이 돈에 일희일비하게 된다.

당신의 라이프 스타일을
사겠습니다

HOW: 수익 모델과 장애요인 및 해결방안

고객과 공유하는 가치와 인생 키워드	브랜드 아이덴티티(BI)
고객과 함께 꿈꾸는 삶의 모습	
매력적인 라이프스타일 제안	환경 분석 / 시의적절성

		경쟁자 분석 / 경쟁 전략
• 제상품:	• 고객:	
• 서비스:		
• 보조물:	• 고객 키워드:	
• 상징물:		

라이프스타일 제안 확장	수익 모델 / 수입	장애요인 / 해결방안 / 필요자원 / 비용

고객에게 행복한 순간을 선사한 대가로 라이프스타일 비즈니스는 수입을 얻는다. 그것은 구성 요소의 일부를 판매한 대가이거나 서비스 이용료나 수수료를 받은 형태가 주이다. 기부금이나 광고 유치를 통해 수익을 얻기도 한다. 반면에 라이프스타일 제안을 구체화하고 유지하는 데 비용이든다. 수입에서 비용을 제한 것이 이익이 된다. 비즈니스가 지속 가능하려면 이익이 창업 투자금 일부와 비즈니스 구성원들의 최저 생계비 이상이되어야 한다. 지속 가능한 재무에 대해서는 다음 5장의 〈린 재무〉에서 더자세히 알아본다.

비즈니스 모델이 어느 정도 구체화되면 다양한 장애 요인들이 보인다. 사업에 장애가 없다면 정말 멋진 인생 사업이거나, 환경이나 경쟁자 분석, 또는 제안의 구체성이 부족한 경우이다. 많은 문제들은 돈으로 해결할 수있다. 돈을 주고 구매, 임차, 고용, 용역, 개발함으로써 해결한다. 보유한자금이 부족할 경우에는 투자나 융자를 고려할 수 있다. 비즈니스 재무 설계와 투자에 대해서도 다음 장에서 자세히 다루어 볼 것이다.

제안의 핵심 구성 요소는 창업자 자신이 담당할 수 있어야 한다. 라이프스타일 비즈니스에서는 제안의 핵심이 인생 키워드나 창업자의 재능과 연결되어 있으므로 대개는 문제되지 않는다. 하지만 제안의 핵심을 고용인, 소싱 업체, 임차에 의존하면 비즈니스의 품질과 지속 가능성에 위험 요인이 된다. 커피 맛이 핵심인 카페의 바리스타를 고용하거나, 디자인이 핵심인 디자인 기업의 메인 디자이너가 고용인이라면 이들이 갑자기 퇴사할경우 비즈니스에 큰 타격이 된다.

창업자의 부족한 지식과 경험이나 구성 요소의 일부를 담당하는 파트너와 동업하는 경우에는 파트너와의 가치관, 기업 철학을 맞춰보는 것이 중요하다. 회사가 이익보다 중요시하는 가치가 무엇인지 서로 의견을 나눠 보고 그것이 맞아야 한다. 아무리 훌륭한 기술이나 능력을 가졌어도 가치 관이 맞지 않으면 후에 반드시 이로 인한 갈등을 겪게 된다. 사업이 잘되어도 안되어도 문제가 생기며, 제안하려는 라이프스타일을 설계할 때에도 충돌한다.

지식의 부족은 시중에 워낙 많은 콘텐츠가 존재하므로 단기간 집중 공부를 통해 극복할 수 있다. 경험 부족은 다른 사람들의 경험을 간접 경험하거나 해당 업체에서 아르바이트를 하는 등 단기 경험을 통해 부족하나마 메울 수 있다. 제조, 생산 기술이 없는 경우는 기성 제품을 커스터마이징하거나 OEM, ODM 제조를 전문으로 하는 국내 업체 또는 알리바바에서 중국 업체를 찾아볼 수 있다. 홈페이지, 쇼핑몰이 필요하다면 윅스Wix, 카페24, 네이버 스마트스토어 등을 이용해 간단하고 빠르게 구축할 수 있고, 모바일 앱이 필요하다면 크몽Kmong과 같은 프리랜서 서비스에서 적당한 개발자와 앱 디자이너를 찾아 개발을 의뢰할 수 있다. 이런 곳에서는 저렴한 가격으로 소셜 미디어 마케팅을 대행해 주기도 한다.

나의 라이프스타일 비즈니스 모델 만들기

다음은 라이프스타일 비즈니스 모델 캔버스로 표현한 바르셀로나 식문화 라이프스타일 제안의 예이다.

고객과 공유하는 가치와 인생 키워드		브랜드 아이덴티티(BI)
바르셀로나(카탈루냐 문화, 지중해성 기후, 가우디), 요리, 여유, 여행		• 브랜드명: 바르셀로나 • 인터넷 도메인: barcelonakr.co.kr • 로고 디자인: • 색상 팔레트:
고객과 함께 꿈꾸는 삶의 모습 • 마치 바르셀로나에 와 있는 것 같은 여유롭고 이국적인 식사 경험을 한다.		
매력적인 라이프스타일 제안 • 가우디의 혼이 살아있는 어느 바르셀로나 골목 야외 테이블에서 상그리아 한 잔 어때요? • 골라 먹는 싱싱한 타파스와 짜지 않고 쫄깃한 하몬을 스페인 와인과 함께 즐겨보는 건 어때요? • 일과 육아에서 벗어나 여행 온 듯 여유롭고 북적이지 않는 고급스런 한 끼는 어때요?		**환경 분석 / 시의적절성** • 여행과 외식 니즈 증가, 코로나 장기화로 해외 여행 어려움, 스페인 문화와 바르셀로나에 대한 동경
• **제상품**: 스페인 요리와 음료 • **서비스**: 스페인 문화 공연, 예술 전시 • **보조물**: 음악, 식물, 조명, 콘텐츠 • **상징물**: 가우디의 〈트렌카디스〉 장식	• **고객**: 여행을 좋아하고 새로운 경험에 돈을 아끼지 않는 사람들, 럭셔리하고 여유로운 식사를 원하는 사람들 • **고객 키워드**: 여행, 스페인, 바르셀로나, 타파스, 하몬, 상그리아, 스페인와인, 가우디, 럭셔리, 여유, 외식	**경쟁자 분석 / 경쟁 전략** • 기존 또는 신규 레스토랑이 인테리어나 익스테리어 모방 → 재방문 유도를 위한 주기적인 제안 변화와 단골과 소통 전략
라이프스타일 제안 확장 • 식사와 음료 메뉴 확장, 분점 확장 • 생활용품/인테리어소품/패션으로 확장, 문화 예술 공연과 강습 확장	**수익 모델 / 수입** • 고객당 월 20만 원 (월 2회 이상 방문) • 월 방문 단골 고객 수 500명 • 월 평균 1억 매출	**장애요인 / 해결방안 / 필요자원 / 비용** • 교외에 인테리어/익스테리어 복원 불필요한 입지, 메뉴 개발로 창업 투자 자금 2억 원 • 월 평균 4,000만 원 비용 발생

당신의 라이프 스타일을 사겠습니다

라이프스타일 비즈니스 모델 캔버스에 자신의 라이프스타일 비즈니스를 모델링 해 보자.

고객과 공유하는 가치와 인생 키워드		브랜드 아이덴티티(BI)
		• 브랜드명:
		• 인터넷 도메인:
고객과 함께 꿈꾸는 삶의 모습		
		• 로고 디자인:
		• 색상 팔레트:
		⬜ ⬜ ⬜ ⬜
매력적인 라이프스타일 제안		환경 분석 / 시의적절성
• 제상품:	• 고객:	경쟁자 분석 / 경쟁 전략
• 서비스:		
• 보조물:	• 고객 키워드:	
• 상징물:		
라이프스타일 제안 확장	수익 모델 / 수입	장애요인 / 해결방안 / 필요자원 / 비용

라이프스타일
비즈니스 스타팅

lifestyle business
starting

—

우리는 지금까지 책상 위에서 열정을 불태
웠다. 아마 당신의 가슴은 뜨거워지고, 열정
으로 심장이 뛰고 있을지 모르겠다. 신나는
상상들로 아무리 동기 부여되었더라도 세상
에 돌을 던져보지 않았다면 그것은 아직 라
이프스타일 비즈니스가 아닌 라이프스타일
일 뿐이다. 혼자 즐겁게 시간을 보내는 방법
이지, 비즈니스가 아니다. 계획만으로는 아
무 일도 일어나지 않는다.

라이프스타일에서 멈추느냐, 아니면 라이프
스타일 비즈니스가 되느냐는 여기서부터 구
분된다. 이제 우리 앞에는 바닥이 보이지 않
는 깊은 계곡과 수많은 적들이 판치는 전쟁
터가 펼쳐져 있다. 냉정과 이성을 찾고 열정
이라는 가슴속 불씨를 연속된 작은 승리라
는 장작에 옮겨붙여야 한다. 계획과 실행 사
이에는 좁지만 깊은 틈, 캐즘chasm이 존재
한다. 이 캐즘을 건너는 것은 용기와 요령을
요구한다. 기본적인 요령은 큰 결심이 필요
하지 않을 만큼 작게 쪼개서 하나씩 해 나가
는 것이다.

린 스타팅

이제 우리는 빠르게 사업을 테스트하고, 라이프스타일 제안의 디테일을 조정해 볼 것이다. 이 단계에서 불확실성을 줄이고, 잠재 고객들이 어디 있는지 알아보고, 그들에게 어떻게 내 제안을 알릴지 익힌다. 임차할 매장을 알아보고, 거래처를 돌며 상품을 매입하고, 필요한 인재를 고용한다. 매출을 예상해 보고, 원가와 비용을 나열하고, 수익을 따져본다.

린lean하다

린lean이라는 영어 단어에는 〈기대다〉라는 의미도 있지만, 여기서는 〈기름기를 쫙 뺐다〉는 의미이다. 불필요한 과정, 비용, 행위를 모두 없애고 꼭 필요한 것만을 남기는 것을 〈린 방식lean methodology〉이라 한다. 이것은 제조나 소프트웨어 개발에 먼저 활용되기 시작했지만, 이제는 비즈니스에도 적용되고 있다. 이 방법으로 시장에 더 빨리 진입하고, 시간과 비용의 낭비를 줄여서 최대한 효과적으로 사업화를 추진하고자 한다.

총을 쏘는데 목표물이 정지해 있거나 아주 천천히 움직인다면 정확한 조준에 많은 시간을 써서 신중하고 묵직한 한 발을 쏘는 것이 유효할 것이다. 하지만 예측할 수 없이 이리저리 빠르게 움직이는 목표물은 이런 방식으로 맞출 수 없다. 이때는 기관총처럼 자주, 빠르게 쏘는 것이 명중 확률이 높다. 고객의 라이프스타일이 다양화되고, 정보 유통 속도가 빨라지고, 공급자 간 경쟁이 더 치열해지면서 점차 과녁이 빠르게 이동하고 예측하기 어려워지고 있다. 린 방식이 부상하는 이유다. 특히 이 방식은 새로운 시도라 시장의 반응을 예측하기 어려울 때 더 큰 도움이 된다.

린 방법에서 무엇이 필요한 투자이고, 무엇이 불필요한 낭비인지를 결정하는 것은 당신이 아니라, 고객이다. 고객이 만족하고 감동하면 당신은 필요한 투자를 한 것이고 그로 인해 보상을 얻을 것이다. 하지만 당신이 시간과 비용을 들여 만든 것에 고객이 만족하지 않거나 무관심하다면 그것은 쓸데없는 낭비를 한 셈이다.

MVP 만들기

린하게 시작하는 방법은 사업에서 핵심적이지만 시장 반응이 불확실한 부분을 아주 간단한 실험으로 빠르게 테스트하는 것이다. 실험 결과를 보고 발전시키거나 조정한다. 이렇게 최소의 노력을 들여 시장을 검증하는 수단을 〈MVPminimum viable product〉라 부른다. 〈최소 동작 제품〉, 〈최소 기능 제품〉, 〈최소 존속 제품〉으로 번역되지만, 검증 수단이 반드시 제품 형태일 필요는 없다. MVP는 린 스타팅에서 가장 핵심적인 개념이다.

MVP를 제작할 때 주의할 점은 MVP가 실 제품이나 서비스에 대한 고객 반응을 제대로 측정할 수 없는 미완결 형태면 안 된다는 것이다. 이것이

MVP가 프로토타입prototype이나 파일럿 프로젝트pilot project와 다른 점이다. 아름다운 유선형의 거대한 비행기 몸체만을 프로토타입으로 제작해 출시해도 사람들은 이를 이용하지도, 감탄하지도 않는다. 이런 MVP 실험으로는 항공 사업의 핵심 가정에 대한 시장 검증을 할 수 없다. 최소한의 노력을 투입하되 MVP는 내가 제안하려는 핵심 가치를 고객이 가능한 한 온전히 경험할 수 있는 형태로 제공되어야 한다. 그래야 사업의 핵심 가정이나 아이디어에 대한 시장 검증이 가능하다. 라이트 형제의 최초 비행기처럼 일단 한 사람만이라도 태우고 200, 300미터를 나는 것을 보여주어야 한다. 거기에 사람들이 감탄하고 팬이 되면 더 나은 형태로 조금씩 발전시켜 나가는 것이 MVP를 활용한 린 스타팅이다.

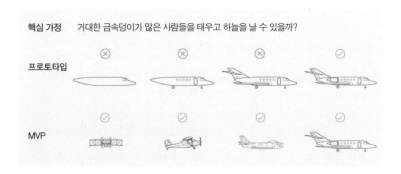

1인 가구를 위한 반려동물 서비스를 구상한다고 하자. 반려동물 보호자는 앱으로 산책, 급식, 치료, 훈련, 목욕, 미용, 장기 돌봄 같은 원하는 서비스를 골라 예약할 수 있고, 반려동물에게 필요한 쇼핑도 가능하다. 반려동물 분양이나 장례 서비스도 추가할 예정이다. 이 모든 서비스를 준비해 사업을 시작하려면 엄청난 시간과 초기 투자가 필요하다. 이렇게 장기간 준비해도 반드시 성공한다는 보장이 있다면 문제가 없지만, 사업 준비 중에 새로운 경쟁자가 나타날 수도 있고, 서비스를 오픈해도 고객이 선택해 주고 이용한다는 보장이 없다.

여기에 린 스타팅을 적용하려면 먼저 사업에 가장 핵심적이지만, 고객 반응이 가장 불확실한 가정을 찾는다. 비즈니스 성공이 전제로 하는 모든 가정들을 나열해 보자. 그리고 그 가정들이 이 사업에서 얼마나 중요한지 또는 얼마나 좋은 차별점인지와 시장 반응이 얼마나 불확실한지 예상해 본다.

반려동물을 키우는 1인 가구는 며칠간 여행이나 출장을 가야 할 때 반려동물을 어떻게 할까? 보통은 지인이나 반려동물 호텔에 맡기지만 이 대안의 만족도는 그리 높지 않다. 만약 하루 한두 번 반려동물이 혼자 있는 집에 방문해 밥도 주고, 산책도 시키고, 목욕도 대신 시켜주겠다면 사람들은 만족할까? 기존 대안에 고객이 큰 불만 없이 만족하고 있다면 그 사업 가정의 중요도는 떨어진다. 반대로 그런 사건이 자주 발생하고 기존 대안에 만족하지 못하며 늘 고민이라면 사업 중요도는 높아진다. 하지만 1인 가구 보호자가 반려동물만 있는 자신의 빈집을 서비스 업체 사람에게 공개할지는 불확실성이 높은 부분이다.

사업 가정들을 모두 나열하고, 각 가정의 중요도와 불확실성에 대한 점수를 5점 만점으로 내고 이것을 2×2 매트릭스에 그려본다.

사업의 가정	현재 대안	중요도/차별성	시장 반응 불확실성
1인 가구는 반려동물 관리 모바일 앱을 원한다.	기존 반려견 앱 또는 앱 없이 돌봄	2	5
1인 가구는 반려동물의 토털 서비스가 있다면 그곳을 사용할 것이다.	반려동물 토털쇼핑몰 개별 구매	2	4
1인 가구는 반려동물 서비스를 위해 자신의 빈집에 외부인을 들일 것이다.	지인에게 맡김	5	5
1인 가구는 반려견 산책 대행을 원한다.	직접 산책	3	3
1인 가구는 반려동물 급식 대행을 원한다.	자동 급식기	1	4
1인 가구는 반려동물 치료 예약과 대행을 원한다.	동물병원	2	3
1인 가구는 반려동물 훈련 대행을 원한다.	반려견 훈련소	2	4
1인 가구는 반려동물 목욕 예약과 대행을 원한다.	애견숍	2	3
1인 가구는 반려동물 미용 예약과 대행을 원한다.	애견숍	4	3
1인 가구는 반려동물 장기 돌봄 서비스를 원한다.	반려동물 호텔	5	4
1인 가구는 반려동물 전용 쇼핑몰이 필요하다.	온라인/오프라인 전문몰	1	2
1인 가구는 반려동물 분양을 원한다.	지인/애견숍 유기견 센터	2	2
1인 가구는 반려동물 장례 서비스를 원한다.	반려동물 전용 장례식장	2	2

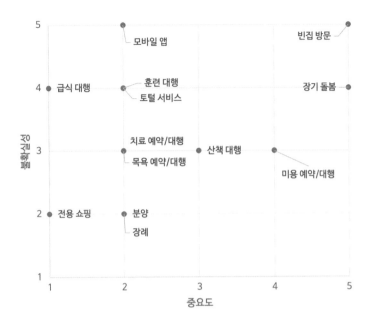

이 사업에서 가장 차별성 있고 시장 반응을 알 수 없는 핵심 가정은 우측 상단의 장기 돌봄 서비스와 반려동물 보호자가 서비스 제공자를 믿고 자신의 빈집을 공개할 것이냐 하는 점이다. 청소 도우미나 부동산 중개인 방문을 위해 빈집에 낯선 사람을 들이는 경우가 있기 때문에 아주 불가한 가정은 아니지만, 반려동물 돌봄을 위해서 그리할 것인지는 여전히 불확실하다.

핵심 가정	1인 가구 반려동물 보호자는 급하거나 필수적인 반려동물 대행 서비스를 위해 서비스 제공자를 자신의 빈집에 들일 것이다.
MVP	반려동물 장단기 돌봄 서비스만을 소셜 미디어를 통해 광고 및 홍보 하고, e메일과 DM으로 신청받음 빈집 방문 여부는 옵션으로 선택 가능
대상자와 목표 수	반려견/반려묘 보호자 10~50명에게 판매(목표 고객 수의 1~5%)
MVP 평가 기준	• 서비스 만족도 • 재구매 의향 • 추천 의향 • 빈집 방문 옵션 선택 비율

이 사업의 MVP는 한두 가지 필수적인 대행 서비스만을 자체 앱을 개발하기 전에 특정 지역 내에만 소셜 미디어를 통해 홍보하고 e메일이나 메신저를 통해 신청을 받아보는 것이다. 이때 고객이 원하면 빈집에 방문해 반려동물을 돌보는 옵션을 제공한다. 이를 통해 고객 수요가 있는지, 고객은 어떤 점을 우려하는지, 가격은 적당한지, 어떤 점을 개선하기 원하는지 알수 있게 된다. 핵심 가정이 검증되지 않는다면 이 사업의 다른 가정들을 구축하는 데 드는 비용과 노력은 불필요한 낭비가 될 가능성이 높다.

다른 MVP 형태도 생각해 볼 수 있는데, 서비스를 제공하려는 지역에서 반려견을 산책시키는 사람들에게 사전 판매를 통해 구매 의향을 확인해볼 수도 있다. 단순한 설문 조사나 인터뷰로는 현실적인 의견을 들을 수 없다. 실제 사업 때의 가격을 주고 제품이나 서비스를 구매할지, 안 한다면 왜 그러한지를 확인해야 한다. 와디즈나 텀블벅 같은 크라우드 펀딩crowd funding 사이트에서는 자신의 핵심 아이디어를 개시하는 것만으로 펀딩 또는 사전 구매라는 수단을 통해 시장 반응을 사전에 예측한다. 이것도 일종의 MVP이다.

반려동물 돌봄 신청은 약식으로 받았지만, 돌봄 서비스 자체는 이후에도 제공할 완성된 형태와 품질로 제공되어야 한다. 그래야 서비스에 대한 평가를 제대로 받을 수 있다. 여러 요소가 결합된 총체적인 경험이 핵심적인 차별성이라면 개별 요소를 나누어 MVP로 만드는 것은 의미가 없다. 이때는 총체적인 경험을 가장 잘 느낄 수 있는 가장 간단한 형태를 MVP로 구상해야 한다.

하나의 라이프스타일 제안 안에도 복수의 사업 가정들이 포함되어 있을 수 있다. 그중 가장 핵심적인 가치 제안이면서 고객 반응이 가장 불확실한 가정은 무엇인가? 최소의 노력을 들여 그 가정에 대한 고객의 반응을 살필 수 있는 MVP는 무엇이 될까? 영화 「아메리칸 셰프」의 유명 셰프였던 칼 캐스퍼는 전 부인의 전 남편으로부터 지저분한 푸드 트럭 한 대를 얻어 스스로 청소하고 꾸며 노동자들에게 쿠바식 샌드위치를 나눠주며 사업을 검증했다. 이것도 MVP이다.

바르셀로나 식문화 라이프스타일 비즈니스의 예로 린 스타팅 방법과 어떤 MVP가 있을지 살펴보자.

사업의 가정	현재 대안	중요도/ 차별성	시장 반응 불확실성
사람들은 바르셀로나를 여행하거나, 거기서 살고 싶어 한다.	바르셀로나 여행	4	2
사람들은 스페인 음식을 좋아하며 일식, 중식처럼 자주 먹을 것이다.	스페인 식당	4	5
사람들은 스페인, 바르셀로나의 문화와 라이프스타일에 매력을 느낀다.	자라 패션/리빙 매장	5	4
이국적인 경험을 위해 교외로 와서 다소 비싼 음식을 먹을 것이다.	교외 카페와 펜션	3	2
바르셀로나를 경험하기에 아늑한 공간보다 넓은 공간이 더 적합하다.	대형 카페테리아	3	3

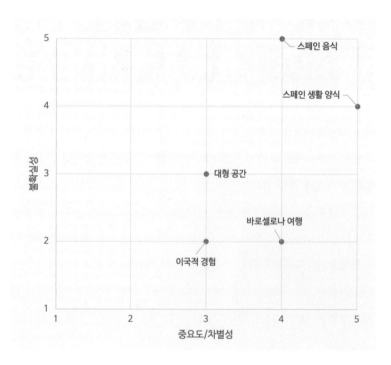

당신의 라이프 스타일을
사겠습니다

사람들이 이국적인 경험이나 넓고 쾌적한 공간을 선호한다거나 바르셀로나 여행을 꿈꾼다는 것은 쉽게 예상할 수 있다. 즉 고객 반응에 대한 불확실성이 상대적으로 낮다. 하지만 다소 생소한 스페인 음식이나 카탈루냐 라이프스타일을 자신의 라이프스타일 일부로 받아들여 지속적이고 반복적으로 소비할지는 확신할 수 없다. 이것은 한 번의 다이닝 파티로는 제대로 평가할 수 없다. 따라서 반복되는 스페인 식문화 경험을 통해 재경험 의사가 얼마나 될지를 확인하는 것이 좋은 MVP가 된다.

핵심 가정	스페인 요리를 한번 맛본 사람들은 중식, 일식, 햄버거 정도로 자주 먹을 것이다.
MVP	오프라인 모임 앱 플랫폼에 상그리아, 타파스, 하몬 등 스페인 요리 강좌를 올리고 2~3일에 한 번씩 메뉴를 바꾼다. 참가 가격은 향후 레스토랑 음식 가격 정도
대상자와 목표 수	스페인과 바르셀로나에 관심 있는 사람들 30여 명
MVP 평가 기준	• 음식 만족도 • 강좌 재수강 의향 • 집에 돌아가 직접 요리해 먹는 빈도 • 추천 의향

스페인 라이프스타일을 주제로 하는 다른 비즈니스로부터 피드백을 얻을 수도 있다. 스페인에 살고 싶어 스페인처럼 꾸몄다는 충무로에 위치한 독립 서점인 〈스페인책방〉은 스페인 관련 서적과 원서, 굿즈를 판매하며, 하몬 파티나 플라멩코 공연 등 스페인 문화와 관련된 이벤트도 연다. 이런 곳에 찾아가 경영자와 이야기를 나눠볼 수 있다면 사전에 사업성을 검토하는 데 도움이 될 것이다.

소셜 미디어의 광고 플랫폼 덕분에 아주 간단한 MVP도 가능하다. 자신이 구현하려는 라이프스타일 제안, 꿈꾸는 순간을 가장 잘 표현하는 사진을 찍거나 구한다. 바르셀로나 레스토랑의 사례라면 자신이 만든 스페인 요리를 잘 차려놓고 사진을 찍는다. 마치 그런 바르셀로나 레스토랑이 있는 것처럼 느낄 수 있는 매력적인 사진 몇 장을 구한다. 그리고 이메일 구독을 받을 수 있는 한 페이지짜리 웹사이트를 무료로 만들고 〈서비스 준비 중〉이라는 배너를 달아둔다. 이메일 구독을 신청하면 서비스가 오픈되었

바르셀로나 레스토랑들은 근처 분위기 좋은 옥외 공간을 임대해 야외 테이블을 운영한다.

을 때 알려주겠다는 내용도 써 둔다.

이제 사진에 적당한 광고 카피를 달아 인스타그램 광고로 올린다. 광고를 내는 구체적인 방법은 다음의 〈린 마케팅〉에서 자세히 알아볼 것이다. 하루 몇만 원의 예산을 걸고 5일 정도 돌린다. 익숙해지면 홈페이지를 만들고 광고까지 내는 데 하루면 족하다. 하루 만에 몇만 원으로 MVP를 만든 것이다.

인스타그램 광고를 보고 관심 있는 사람은 링크를 눌러 웹사이트로 들어온다. 더 관심 있는 사람은 이메일 구독 신청을 할 것이다. 이 MVP로는 재방문 수요까지 확인할 수는 없지만 이런 라이프스타일 제안에 끌리는 잠재 고객이 얼마나 되는지, 그 수요가 얼마나 강한지 파악할 수 있고, 나중에 그들에게 접근할 수 있는 수단을 확보할 수 있다.

1. 라이프스타일 제안을 가장 잘 표현하는 사진을 준비한다.
2. 서비스 준비 중이라는 랜딩 페이지landing page를 만든다.
3. 소셜 미디어에서 소액 광고한다.

물론 사업 추진을 포기하기로 했다면 구독을 신청했던 사람들에게는 안타까운 소식이겠지만, 그렇다고 그들에게 피해가 가지는 않는다. 반대로 반응이 폭발적이라면 이를 근거로 바로 사업을 빠르게 전개해 나갈 수 있다.

피보팅 pivoting

모든 일이 예상한 대로 진행된다면 더할 나위 없이 좋겠지만, 만약 MVP 결과가 만족스럽지 않다면 어찌해야 할까?

1. 린 마케팅 lean marketing: 충분한 수의 잠재 고객들에게 나의 라이프스타일 제안을 더 알린다.
2. 린 재무 lean financing: 입소문을 타고 내 제안이 전파될 시간을 버틴다.
3. 피보팅 pivoting: 새로운 제안을 만들고 다시 MVP 실험한다.

우선 MVP가 고객 키워드를 가진 잠재 고객들에게 잘 도달했는지 확인한다. 그 수가 부족하다면 범위를 늘려서 실험한다. 최종 목표로 삼은 팬수의 처음 10분의 1을 모으기까지는 많은 수고와 시간이 걸린다. 그때까지는 발로 뛰며 고객을 찾아다녀야 한다. 홍보도, 광고도 없이 우연히 고객이 지나다가 내 비즈니스를 알아봐 주기 바라는 것은 지나치게 운에 기대는 것이다. 이것은 〈린 마케팅〉으로 가능하다.

나의 매력적인 라이프스타일 제안을 충분히 많은 사람들에게 알렸다고 생각하는데 반응이 없다면? 쉽게 포기하지 마라. 비즈니스는 모노폴리 게임에서 주사위를 던져 손익이 결정되듯 그런 식으로 결과가 나오지 않는다. 한 사람의 진정한 고객을 만나고, 며칠 또는 몇 주 후 그가 우연히 다른 사람에게 소개하고, 그 사람이 다시 며칠 후에 내 비즈니스를 찾아 고객이 되는 과정을 거친다. 처음에는 많은 시간이 소요된다. 이 과정에 행운이 깃들면 그 속도가 엄청나게 빨라지지만, 대개는 천천히 종이를 반씩 접어

가는 과정을 거친다. 0.1mm 두께의 종이를 한 번 접으면 0.2mm가 된다. 두 번째 접으면 0.4mm이다. 세 번을 접어도 1mm가 채 되지 않는다. 한참을 접어도 두께가 늘 것 같지 않지만, 이 얇은 종이를 42번 접으면 달에 도달하고, 51번 접으면 태양에 닿는 두께가 된다. 접는다는 행위는 한 명의 팬이 다른 한 사람에게 추천하는 것과 같다. 이 시간을 버는 방법은 〈린 재무〉에서 다뤄볼 것이다.

이런 노력에도 불구하고 나의 라이프스타일 제안에 공감하는 사람이 없다면 어찌해야 할까? 이때 〈피보팅pivoting〉을 한다. 농구에서 피보팅은 한 발을 고정시키고 다른 발만 움직여 몸을 회전하는 움직임이다. 이처럼 비즈니스 핵심은 고수하면서 방향을 바꾸는 것을 피보팅이라 하는데, 라이프스타일 비즈니스에서 중심은 명확하다. 지키고 싶은 가치, 이상적인 삶의 모습, 행복을 주는 삶의 순간, 나의 인생 키워드가 변하지 않는 중심이다. 이것을 축으로 두고 라이프스타일 제안을 바꿔서 다시 실험하는 것이다. 오감 요소를 바꾸고, 구성 요소를 바꾼다. 잠재 고객군과 그들에게 도달하는 키워드도 달라질 수도 있다.

고정된 축(피봇)		

고객과 공유하는 가치와 인생 키워드	브랜드 아이덴티티(BI)
	• 브랜드명:
	• 인터넷 도메인:
고객과 함께 꿈꾸는 삶의 모습	• 로고 디자인:
	• 색상 팔레트:

매력적인 라이프스타일 제안		환경 분석 / 시의적절성
• 제상품:	• 고객:	경쟁자 분석 / 경쟁 전략
• 서비스:		
• 보조물:	• 고객 키워드:	
• 상징물:		
라이프스타일 제안 확장	수익 모델 / 수입	장애요인 / 해결방안 / 필요자원 / 비용

바 뀌 는 방향(피보팅)

당신의 라이프 스타일을
사겠습니다

린 마케팅

나의 매력적인 라이프스타일 제안을 잠재 고객들에게 알려야 한다. 사업 시작부터 팬이 있다면 그들이 든든한 지원군이 되겠지만, 대부분은 날바닥에서 시작한다. 대로변에 위치한 오프라인 매장이라면 매장의 존재 자체가 마케팅이 되지만 콘텐츠 크리에이터나 온라인 비즈니스, 위치가 좋지 않은 매장이라면 잠재 고객을 찾아 알려야 한다.

과거에는 TV, 신문, 잡지 등 고가의 광고 방법뿐이어서 소규모 사업자는 광고할 엄두조차 내지 못했다. 하지만 요즘은 적은 금액으로도 타깃 고객을 찾아 자신을 알릴 수 있는 방법이 생겼다.

어린아이부터 노인까지 이제 유튜브를 보지 않는 사람이 없다. 20대, 30대 사람들은 인스타그램으로부터 정보를 얻고, 40대 이상의 사람들은 페이스북으로 소통한다. 셋 중 하나도 보지 않는 사람은 드물다. 특수한 경우가 아니고는 그런 사람들은 마케팅 대상에서 제외해도 크게 무리가 없을 정도다. 이 책을 쓰는 현재, 대한민국 18세 이상의 2,110~2,480만 명에게 페이스북이나 인스타그램 광고 도달이 가능하다.

유튜브는 구글 광고 플랫폼에서, 인스타그램과 페이스북은 메타(Meta, 페이스북의 변경된 사명) 광고 관리자에서 설정 가능하다. 이 두 플랫폼에서 광고를 게시하고 광고 효과를 확인하는 방법만 알아도 적은 금액으로 다양한 마케팅 실험이 가능하다.

10분 만에 인스타그램에 광고하기

세부적인 광고 게시 방법은 조금씩 변하므로 여기서는 SNS 광고가 얼마나 간단한지 알아봄으로써 그 심리적 부담을 줄이고자 한다. 최신 업데이트된 세부적인 가이드는 인터넷에서 찾을 수 있다. 가장 간단한 방법은 인스타그램 앱에서 자신의 계정을 비즈니스 계정으로 전환하고, 광고 포스트를 〈게시물 홍보〉를 눌러 광고하는 방법이다. 하지만 이 방식은 아직 광고 효과를 통계적으로 상세하게 살펴볼 수 없어서 메타 광고 관리자를 이용하는 방법으로 설명하겠다.

소셜 미디어의 기본적인 광고 설정 모델은 〈캠페인〉 - 〈광고 세트〉 - 〈광고〉 구조로 이루어져 있다. 〈캠페인〉에서는 하나의 광고 목적과 방향성을 결정한다. 같은 목적을 가진 많은 광고 세트와 광고들을 하나의 캠페인에서 관리할 수 있다. 소셜 플랫폼은 이용자가 특정 콘텐츠나 광고를 보고 취한 행동을 모두 기록해 두었다가 자신들의 광고 노출에 활용한다. 일정 시간 이상 관심 있게 보았거나(도달), 저장이나 공유하거나 댓글을 남겼거나(참여), 연결된 웹사이트나 앱 다운로드 페이지로 이동했거나(트래픽, 앱 홍보), 매장을 방문하거나 제품을 구매했는지(매출)를 모두 저장해 가지고 있다. 따라서 여기서 캠페인 목적을 설정하면 목적에 맞는 행동을 자주 취하는 사람들에게 광고를 노출한다. 목적에 따라 광고 방식이나 과금 방식이 달라지는데, 더 큰 광고 효과까지 연결될수록 광고 가격은 올라간다. 하나의 캠페인에 대한 총예산을 한정할 수도 있다.

메타 광고 관리자의 〈광고 세트〉에서 광고할 타깃을 지정하는 부분

캠페인 하위에 있는 〈광고 세트〉에서는 광고 대상자를 지정한다. 광고가 노출될 지역을 한정할 수도 있다. 자신의 매장 등 특정 지점에서 노출 반경을 킬로미터 단위로 지정할 수 있다. 국가나 도시 단위로도 설정 가능하다. 광고를 노출할 연령대와 성별, 사용 언어로도 제한할 수 있다. 페이스북에 학력, 소득 수준, 결혼 상태와 기간, 자녀 나이, 직장을 설정한 사람이라면 이들을 따로 골라낼 수 있다. 물론 이런 정보를 기입하지 않은 사람에게는 광고가 노출되지 않을 수 있다. 패션이나 취미 등 특정 관심사를 가진 사람이나 최근에 스마트폰을 바꾼 사람이나 기념일이 도래하는 사람들을 걸러낼 수도 있다. 라이프스타일 비즈니스 모델 캔버스의 〈고객 키워드〉로 검색하면 원하는 관심사를 가진 사람들을 타깃팅할 수 있다. 어느 플랫폼에 노출할지도 광고 세트에서 지정한다. 하루치 또는 총예산 금액과 광고 기간을 여기서 설정한다. 조건을 설정하거나 변경할 때마다 오른쪽에 타깃 수와 하루 광고 노출 수, 링크 클릭 예상치를 보여준다. 광고 예산이 적을 경우 타깃 범위를 지나치게 넓게 잡으면 광고 효과가 떨어진다. 너무 좁게 잡으면 광고가 원하는 수에 노출되는 기간이 늘어날 수 있다.

다음 과정은 메타 광고 관리자에서 인스타그램에 광고하는 방법이다.

1. 인스타그램 계정을 만들어 〈프로페셔널(비즈니스) 계정〉으로 전환한다.
2. 인스타그램에 광고할 포스트Post나 릴스Reels를 게시한다.
3. 페이스북 개인 계정과 비즈니스 계정을 만들고 〈페이스북 페이지〉를 생성한다.
4. 페이스북 메타 비즈니스 설정에서 인스타그램 ID와 암호를 입력해 인

스타그램 계정을 연결한다.

5. 메타 광고 관리자로 들어가, 결제 수단으로 법인카드나 그 외 수단을 등록해 둔다. 등록만으로는 돈이 빠져 나가지 않으니 안심하자.

6. 〈캠페인〉을 만든다. 보통은 인지도(광고 관심 있게 보기), 트래픽(링크 클릭)이 캠페인 목적으로 많이 선택된다.

7. 캠페인 목적에 따른 〈광고 세트〉를 만든다. 광고할 플랫폼으로 인스타그램을 선택하고 노출 위치로 피드와 릴스를 선택한다. 캠페인이 웹사이트 트래픽 목적이라면 이동할 웹 페이지 링크를 설정한다.

8. 광고 세트 내에 〈광고〉를 생성하고 광고를 시작한다. 인스타그램 계정을 선택하고, 올려둔 게시물을 광고로 지정하고, 〈동의하고 게시〉 버튼을 누르면 바로 타깃 광고가 시작된다.

만약 그간 인스타그램 계정으로 많은 팬을 쌓아왔다면 〈타깃〉을 만들어 이들을 대상으로 집중 광고할 수 있다. 또는 내 웹사이트 코드에 메타의 픽셀pixel을 넣어두면, 내 웹사이트 전체나 특정 페이지에 들어왔던 사람들을 타깃으로 만들어 광고할 수 있다. 내 웹사이트나 쇼핑몰에 픽셀을 삽입하는 자세한 방법은 인터넷을 찾아보자.

1. 메타 비즈니스 도구 중 〈타깃〉 메뉴로 가서 〈맞춤 타깃 만들기〉를 선택하고, 타깃 소스로 내 웹사이트나 인스타그램 계정을 고른다. 이벤트 유형에서 고객이나 팔로워의 행동 유형을 선택한다. 적당한 타깃 이름을 지정해 저장한다.

2. 〈광고 세트〉를 생성하거나 수정할 때 타깃 섹션에서 〈새 타깃 만들기〉

의 〈맞춤 타깃〉 란에 앞 1번에서 만들어 놓은 맞춤 타깃을 지정한다.

광고 관리자의 세부적인 설정들을 이해하고 활용할수록 광고의 정교함은 더 올라간다. 여기에 추가로 잠재 고객이 많이 이용하는 다른 플랫폼(네이버, 카카오, 트위터 등)에서 광고하는 방법을 안다면 더 큰 효과를 얻을 수 있다.

유튜브 광고도 방법과 구조는 인스타그램과 크게 다르지 않다. 다만, 사진이 아닌 5초 이상의 영상 콘텐츠가 반드시 필요하다는 점이 다르다. 아무래도 사진보다는 영상을 만드는 것이 더 어렵다. 그리고 낮은 품질의 영상을 마구잡이로 찍어 광고로 게시하면, 구글의 인공지능이 영상 품질과 시청자 반응을 평가해 광고 예산을 올려도 잘 노출해 주지 않는다.

린 광고

당신이 아무리 타깃을 정교하게 설정하고, 좋은 광고 카피를 생각해 내고, 광고 이미지에 공을 들인다 해도 어떤 고객이 어떤 광고 이미지와 메시지에 반응할지 알 수 없다. 날아다니는 타깃을 맞추려면 작고 싼 화살을 여기저기 빠르게 쏘아 보아야 한다.

린 광고는 잘난 내가 판단해 노출할 하나의 광고와 타깃을 골라내는 것이 아니라, 여러 타깃에게 여러 가지 광고 메시지와 이미지를 쏘아 보는 방식이다. 즉 아주 저렴한 화살을 며칠 동안 여기저기 쏘아 보고 반응이 가장 좋은 광고를 선정하는 것이다. 2개 타깃과 3가지 광고 메시지, 3개 광고 이미지가 있다면 18개 조합을 시험해 볼 수 있다. 9만 원이면 광고당 하루 5,000원씩을 할당해 돌려볼 수 있으므로, 하루 이틀이면 18개의 광고 성과를 비교할 수 있다.

광고 메시지는 감성, 혜택, 관심을 주제로 작성할 수 있다. 감성 메시지는 라이프스타일이 가진 가치와 분위기를 연상시킨다. 바르셀로나 식문화 라이프스타일이라면 〈당신은 지금 바르셀로나에 있습니다〉 같은 메시지다. 〈1시간 만에 최고의 스페인 요리를 만나보세요〉와 같이 차별적 기능이나 품질로 유용성과 혜택을 강조할 수 있다. 휙휙 넘어가는 게시물에서 주의를 확 끄는 관심 메시지도 가능하다. 할인, 프로모션이나 유행하는 밈 meme 혹은 유머를 활용한다. 〈첫 방문이면 생그레한 상그리아가 무료〉 같은 메시지를 만들어 볼 수 있다. 어떤 메시지가 가장 나아 보이는가? 어떤

광고 메시지와 이미지 조합의 예

메시지가 어떤 타깃 고객에게 통할지는 광고를 해봐야 알 수 있다.

이제 가장 성과가 나은 3~5개 광고만 남기고 나머지 광고는 모두 중단한다. 광고 관리자 목록에서 스위치를 끄는 것만으로 광고 노출을 쉽게 중단할 수 있다. 그리고 다른 광고 중단으로 생긴 광고 예산을 3~5개 광고에 증액해 할당한다. 총예산은 비슷하지만 광고 효과는 크게 상승한다. 다시 광고 성과를 보고 가장 나은 1개만 남기고, 가용할 수 있는 마케팅 예산을 모두 여기에 할당한다. 마지막 남은 광고 조합이 당신이 처음부터 가장 좋다고 생각했던 광고라면 자신의 마케팅 센스를 칭찬하자. 당신이 인스타그램이나 유튜브에서 보는 큰 기업들의 광고는 이런 린 방식으로 필터링되어 가장 성과가 나은 것만 반복 노출되는 것이다. 대형 쇼핑몰은 폭넓은 타깃에게 한 달에 수억 원의 소셜 미디어 광고비를 지출하기도 한다.

라이프스타일 비즈니스 마케팅

소규모 라이프스타일 비즈니스도 일반 비즈니스처럼 광고와 마케팅이 필요할까? 결론부터 이야기하자면 초기에는 타깃을 대상으로 해야 한다. 이후 팬들 사이에 입소문이 퍼지기 시작하면 중단한다.

라이프스타일 비즈니스는 고객을 신중하게 고르지만, 한번 고객은 평생 고객으로 가져가려 한다. 즉 고객 생애 가치LTV, lifetime value가 매우 높다. 따라서 사업 초기 신규 고객을 유치하는 예산이 다른 비즈니스보다 더 커도 좋다. 대신 타깃을 좁혀서 불필요한 낭비를 없애야 한다. 〈책〉이나 〈도서〉라는 키워드에 관심 있는 사람이 세상에 수억 명은 있다. 이곳에 하루 1만 원을 마케팅에 써봐야 태평양에 잉크 한 방울 떨어뜨리는 격이다. 하지만 〈라이프스타일〉, 〈비즈니스〉, 〈창업〉, 〈책〉, 〈대한민국〉 같은 조건들을 조합하면 타깃은 물컵 정도가 될 것이다. 이 컵에 잉크를 한 방울 떨어뜨리면 잉크 분자가 닿지 않는 곳이 없을 것이다.

그리고 신규 고객 유치를 위한 투자 전에 반드시 고객이 재방문토록 하는 준비를 해 두어야 한다. 라이프스타일 비즈니스에서 한번 고객이 다시 찾지 않는다면 신규 고객을 계속 늘리기 위한 마케팅 투자는 전혀 쓸모없다.

만약 인스타그램에 나의 라이프스타일 비즈니스를 알리는 게시물을 올리고 해시태그를 10~20개 정도 단다면 어떤 것들이 달릴까? 아마도 라이프스타일 비즈니스 모델 캔버스의 〈고객 키워드〉에 있는 키워드들이 그 힌트가 될 것이다. 소셜 미디어는 잠재 고객을 모으기 좋은 장소이다. 내가 콘텐츠를 올려 같은 관심사의 사람들이 나를 찾아오게 할 수도 있고, 내가 그들을 찾아다닐 수도 있다. 인스타그램에서는 해시태그가 그러한 역할을 한다. 내가 올리는 게시물에 해시태그를 정성스럽게 달면 그 해시태그를 타고 관심사가 같은 사람들이 팔로워가 된다. 또 내가 해시태그를 검색해 그 해시태그에 관심을 보인 사람들에게 맞팔을 신청할 수도 있다. 아마도 나의 이전 책이었던 〈#라이프스타일비즈니스가온다〉라는 해시태그를 자신의 게시물에 달면서 좋아해 주었던 사람들은 이번 책도 좋아해 줄 가능성이 높다. 이 사람들에게 라이프스타일 비즈니스 관련 새 책이 나왔고 강의나 워크숍이 있다는 것을 알릴 수 있다면 아주 효과적인 마케팅이 될 것이다.

유튜브는 내가 올리는 영상 콘텐츠를 검색해 찾아오는 사람들에게 바로

고객과 공유하는 가치와 인생 키워드	브랜드 아이덴티티(BI)
	• 브랜드명: • 인터넷 도메인:
고객과 함께 꿈꾸는 삶의 모습	• 로고 디자인: • 색상 팔레트: ⬜ ⬜ ⬜ ⬜
매력적인 라이프스타일 제안	환경 분석 / 시의적절성
• 제상품: • 서비스: • 보조물: • 상징물: • 고객: • 고객 키워드: 이런 고객군을 발견하는 키워드 그들이 관심 갖고, 대표하고, 모이는 키워드	경쟁자 분석 / 경쟁 전략
라이프스타일 제안 확장 수익 모델 / 수입	장애요인 / 해결방안 / 필요자원 / 비용

당신의 라이프 스타일을
사겠습니다

마케팅이 된다. 또한 유튜브의 특정 채널을 방문했던 사람들만 타깃팅해 광고할 수 있다. 따라서 내 라이프스타일과 맞는 유튜브 채널을 많이 발굴하면 광고의 타깃 도달률이 올라간다.

린 재무

라이프스타일 비즈니스는 매출 성장률이나 이익률 등 재무 목표를 지향하지 않는다. 라이프스타일 비즈니스의 궁극적인 목표는 나와 고객이 대를 이어 함께하는 〈지속 가능함〉이다. 오해하지 말 것은 그것이 매출이나 이익이 중요하지 않다는 의미는 아니라는 것이다. 이익 없이 계속 손실을 본다면 그것 역시 〈지속 가능〉하지 않다. 자신이 행복하게 사는 데 지장 없는 수준을 벌어 줄 수 있어야 그 라이프스타일 비즈니스는 지속 가능하다.

린 재무lean financing를 통해 재무 측면에서도 불필요한 낭비를 없애고 사업이 본질을 유지하면서 가급적 적은 비용으로 오래 지속할 수 있는 방법을 찾는다.

고정비와 변동비

린 재무는 고정비는 최소화하고 변동비보다 높은 가격을 유지함으로써 지속 가능성을 만족한다. 이를 위해서는 우선 고정비와 변동비 개념을 이해해야 한다.

당신의 라이프 스타일을
사겠습니다

매출이 늘어날 때 매출과 함께 느는 비용이 〈변동비〉이다. 대표적으로 재료 원가가 여기에 해당한다. 반대로 매출이 늘거나 줄어도 거의 변함없이 지출되는 비용은 〈고정비〉이다. 임차 보증금, 비생산직 급여가 대표적인 고정비이다. 여기서는 회계적인 정의보다 현실적인 의미로 이 개념을 이해할 필요가 있고, 이런 판단의 기간은 현실적으로 한 달로 한다. 예를 들어 제품 포장을 담당하는 직원이 1명 있다. 이 직원의 월급은 고정비일까? 변동비일까? 회계상 정의에서 포장비는 매출 변동에 따라 움직이는 비용이므로 변동비이다. 하지만 소규모 비즈니스에서 현실적으로 이 비용은 고정비이다. 매출이 어느 정도 늘거나 줄어도 직원 1명에 대한 월급이 고정적으로 늘 지출되기 때문이다. 매출이 조금 줄었다고 이 직원을 바로 해고할 수는 없지 않은가? 하지만 아르바이트나 아웃소싱 형태로 매출에 따라 이용 시간을 유연하게 변경할 수 있다면 이것은 변동비가 된다.

사업 초기 고정비는 경쟁자의 진입을 어렵게 만드는 장점도 있지만, 사업이 어려워지면 가장 먼저 타격을 주고, 사업을 접을 때도 가장 큰 손실을 안겨 준다. 따라서 린 재무에서는 고정비를 최소화할 것을 권고한다. 고정비를 0으로 만들 수 있다면 그렇게 한다. 찾아보면 고정비 지출을 없애거나 변동비로 전환할 수 있는 방법이 있기 마련이다.

매장 인테리어를 위해 쓰는 지출은 모두 고정비이다. 하지만 숍인숍 개념으로 외부 업체로부터 협찬받아 인테리어를 꾸미면 고정비가 사라진다. 독일 베를린의 한 프라이빗 다이닝룸은 대형 식탁, 의자, 화초, 조명, 오디오, 그림, 소품, 카펫 등 거의 모든 가구와 소품을 협찬받아 사용하며 전시하고 팔아 준다. 심지어 판매가 일어나면 판매액의 일부를 수수료로 얻는다.

다니엘이 운영했던 베를린의 프라이빗 다이닝룸 〈더 히든(the Hidden)〉은 코로나 영향으로 현재는 문을 닫았지만, 인생 키워드가 요리인 다니엘은 푸드 콘텐츠 크리에이터로서 왕성하게 활동하고 있다. (@thehiddenberlin, @danielseatery, danielseatery.com)

특히 매월 지출되는 고정비 성격의 인건비는 주의해서 다루어야 한다. 사업 초기에는 핵심 가치 제안 영역을 제외한 업무는 아웃소싱 서비스를 이용한다. 회계나 세무, 급여 업무는 월 몇만 원으로 아웃소싱할 수 있다. 물론 필요에 따라 서비스 확장이나 해지가 가능하다.

사무실도 처음부터 임차하기보다는 주소만 얻는 가상 사무실이나 셰어 오피스를 이용하는 편이 고정비를 줄이는 방법이다. 기계나 집기도 구매보다는 리스나 임차할 방법을 찾아본다. 아직 팔리지 않은 재고도 회계적으로는 매입원가에 해당하는 변동비이지만, 창고에 쌓인 재고가 현실적으로 팔릴 가능성이 거의 없다면 그것은 고정비다. 따라서 불필요한 재고를

당신의 라이프 스타일을
사겠습니다

줄이는 것도 고정비를 낮추는 중요한 활동이다. 작은 단위로 매입하거나, 미판매 재고에 대해 일괄적으로 할인 매도하는 방법을 미리 찾아두는 노력이 필요하다.

오랫동안 사용할 자산을 구입하기 위해 일시에 큰돈이 들어간 경우 이를 사용기간과 잔존가치를 따져 기간 단위로 나누는 것을 〈감가상각〉이라 한다. 1,000만 원짜리 커피 머신을 일시불로 구매해 5년간 사용하고 팔 때 중고가 시세가 500만 원이라면, 구매액 1,000만 원을 일시에 비용 처리하지 않고 매년 100만 원만을 고정비성 감가상각비로 처리할 수 있다. 대출 자체는 비용이 아니고, 그 돈을 무언가에 사용할 때 비용의 성격이 정해진다. 대출 이자는 매출에 상관없이 지출되는 고정비이다.

고정비를 모두 확인했다면 나머지는 모두 변동비이다. 매출에서 고정비와 변동비를 뺀 이익이 0보다 크거나 그 손실이 감당할 수 있는 수준이라면 사업은 지속 가능하다.

직원 1명을 쓰는 카페 운영을 예로 생각해 보자. 매출이 줄어도 매월 고정적으로 나가야 하는 비용은 현실적인 고정비이다. 이미 2년의 임대차 계약이 되어 있고, 근로 계약한 직원이 있고, 대출받아 에스프레소 머신을 구매했다면 이 비용은 모두 고정비이다. 표에 따르면 매월 500의 고정된 짐을 이고 사업을 운영하는 셈이다. 매출의 50%가 변동비라면 이 카페의 월 매출이 1,000을 넘어야 이익이 나기 시작한다. 이렇게 이익이 0이 되는 매출을 손익분기점BEP, break-even point이라고 한다. 자신의 희망 생활비에 해당하는 자기 급여를 고려하면 매출은 더 늘어야 한다. 만약 월 매출이 BEP에 한참 못 미치는 100이라면 한 달 손실이 450으로, 이 상태로는 몇 달을 지

카페의 재무 구조 예시

월 매출		100	1,000	1,600	3,000
고정비		500	500	500	500
	직원 급여	300	300	300	300
	임차료	100	100	100	100
	감가상각비(기계)	20	20	20	20
	건물관리비	20	20	20	20
	대출이자	20	20	20	20
	제세공과금	20	20	20	20
	보험료	10	10	10	10
	광열비	5	5	5	5
	통신비	5	5	5	5
변동비		50	500	800	1,500
	재료비	30	300	480	900
	마케팅비	10	100	160	300
	자재비	5	50	80	150
	소모품비	3	30	48	90
	수도비	2	20	32	60
이익		(450)	–	300	1,000

속하기 어려울 것이다.

다음으로는 혼자서 온라인 쇼핑몰을 하는 경우의 비용 구조를 생각해 보자. 변동비 비율은 70%로 카페보다 높지만 고정비가 없다고 가정한다. 이런 구조에서는 매출이 얼마가 되든 무조건 이익이 난다. 자신이 가져가는 수입을 고려하지 않는다면 매출이 얼마든 영구적으로 지속 가능한 재무 모델이 된다. 좀 더 여유 있게 자신의 라이프스타일 팬이 늘어나길 기다릴 수 있다. 대신 매출이 더 크게 늘면 변동비 비율이 낮은 카페 이익이 온라인 쇼핑몰보다 커진다. 같은 매출에서 두 재무 모델의 이익을 비교해 보자.

월 매출		100	1,000	1,600	3,000
변동비		70	700	1,120	2,100
	구매비	50	500	800	1,500
	마케팅비	18	180	288	540
	소모품비	2	20	32	60
이익		30	300	480	900

얼마나 벌어야 할까?

　　라이프스타일 비즈니스로부터 얼마의 이익을 얻어야 할지는 사람마다, 가치관에 따라 다르다. 럭셔리 라이프스타일을 추구한다면 남들의 부러움을 살 만한 많은 수입을 원할 것이다. 그만큼 높은 매출과 이익이 필요하다. 검소하고 소박한 라이프스타일로 만족하며 살 수 있다면 그 정도의 수입이면 된다. 그 수준을 정해야 비즈니스 규모와 범위를 예상할 수 있다. 꿈과 현실의 격차가 크다면 더 광범위한 제안과 확장 방법을 생각해야 할 것이다. 골목 안의 작은 스칸디나비안 편집숍 매장은 월 수백만 원의 이익을 내지만, 이케아는 같은 라이프스타일 제안으로 전 세계로부터 2.2조 원(2021년 당기순이익, 15.8억 유로)을 벌어들인다.

　　매출에서 비용을 모두 제하고 나면 순이익이 남는다. 개인 사업자라면 이 금액이 자신의 보수인 셈이고, 법인 사업자라면 주주의 돈이 된다. 앞서 카페와 같은 재무 구조에서 매월 300만 원을 벌기 원한다면 매월 1,600만 원, 일 평균 53만 원의 매출이 필요하다. 커피 한 잔의 가격이 5,000원이라면 하루 106잔을 팔아야 한다. 단골고객들이 하루 한 잔의 커피를 이용한다면 100명 이상의 고정 고객이 필요하다. 유동 인구가 500명인 동네에 나 홀로 카페를 운영한다면 사업성이 있지만, 이미 5개의 카페가 같은 지역에서 경쟁 중이라면 쉽지 않은 싸움이 될 것이다. 이런 때는 매력적인 라이프스타일 제안과 확장 전략이 자신이 바라는 수익과 비즈니스 지속 가능성을 보장할 수 있다.

따라서 단골고객 수, 매출, 고정비, 변동비, 이익을 예상하고, 이를 제대로 집계해 측정하고, 원하는 수준을 달성하기 위해 노력하는 것은 라이프스타일 비즈니스라고 예외가 아니다. 그저 자신이 좋아하는 일을 하니 돈은 적당히 벌어도 된다는 생각은 별도 수입원이 있고 이것이 취미일 때나 해야 할 생각이다. 나로 살아가기 위한 인생 사업으로서 라이프스타일 비즈니스를 시작한다면 재무 상태도 무시할 수 없다.

사업 형태에 따라 매출이 발생하기 전에 투자가 선행되어야 해서 적자 상태로 운영되는 경우가 있다. 특허가 될 만한 첨단 기술을 개발하거나 희소성이 있는 작품을 창작하는 경우가 그러하다. 많은 비용이 드는 매장을 먼저 구축해야 하는 경우도 있다. 하지만 아주 예외적인 상황이 아니라면 린 방법을 적용해 최소한의 투자로 MVP를 통해 사업성을 확인하는 것이 좋다. 가급적 사업 시작과 동시에 작은 매출이라도 올리는 형태의 MVP를 권고한다. 작은 성공을 연속해 쌓아가며 바퀴를 점점 크고 빠르게 돌리며 적응하고 확장하는 것이 라이프스타일 비즈니스에 더 적합하다. 강한 자가 살아남는 것이 아니라, 환경에 적응해 살아남은 자가 강자인 것이다.

당신의 라이프 스타일을
사겠습니다

손익계산서

        경영을 하려면 최소한의 재무와 회계 상식은 가지고 있어야한다. 물론 사업 시작과 함께 빠르게 수익이 늘면 아웃소싱 업체나 전문 인력을 채용해 위임할 수 있다. 하지만 그런 경우에도 사업주가 재무와 세무에 대한 지식이 전무하면 낭비가 있는 채로 회사가 운영되거나, 다른 회사나 직원에게 사기를 당할 수 있다.

  가장 기본적인 재무 지식은 〈손익계산서〉를 이해하는 것이다. 손익계산서는 일종의 가계부다. 연, 분기, 월 등 특정 기간 동안 벌어들인 돈과 쓴돈, 남은 돈을 이 바닥 모두가 이해하는 기준에 따라 정리한 표이다. 앞서 고정비, 변동비 표와 비슷하지만 국제적으로 합의한 규칙이 있다는 점이다르다.

  손익계산서에서 중요한 숫자는 매출, 영업이익, 당기순이익이고, 주요한비용 내역은 매출원가와 판매관리비에 표시된다.

  〈매출〉이란 회사가 주목적으로 하는 사업으로 벌어들인 돈이다. 식당이라면 음식을 판 돈, 편집숍이라면 물건을 판 돈, 서비스 업체라면 서비스대가로 받은 돈이 매출이다. 하지만 이런 회사가 여윳돈을 주식에 투자해돈을 벌었다면 그것은 주목적으로 벌어들인 돈이 아니기 때문에 매출이아니다. 이것은 손익계산서에서 영업외수익으로 분류된다.

  매출이 날 때마다 들어가는 비용이 있다. 식당이라면 식재료비, 편집숍이라면 상품 구매비나 배송비, 서비스 업체라면 서비스 직원 인건비가 여기에 속한다. 이러한 비용을 〈매출원가〉라 한다. 거의 모든 변동비가 매출원가로 들어가고, 고정비의 일부도 매출원가가 될 수 있다. 불량률이나 반품률, 폐기율이 높은 상품은 이 비용도 매출원가에 반영해 두어야 한다.

매출에서 매출원가를 뺀 이익분이 〈매출총이익〉이다. 매출총이익은 대체로 양의 값이다. 만약 이 값이 음수라면 회사는 팔수록 손해 나는 장사를 하고 있는 셈이다. 만약 매출이 0이라면 매출원가 역시 0인 것이 정상이다. 온라인 쇼핑몰 업체라면 매출원가는 상품 구매비 외에도 포장비, 무료 배송비, 플랫폼 수수료, PG(payment gateway, 카드 결제 등) 수수료, 사용된 마일리지, 불량품 등 A/S 비용 등이 모두 매출이 일어나면서 함께 발생하는 매출원가이다.

회사에는 매출과 직접 연동되지 않고 고정적으로 지출되는 비용도 있다. 이런 비용을 〈판매관리비〉라고 하고, 줄여서 〈판관비〉라고 부른다. 대표적으로 임직원 인건비와 복리후생비, 마케팅비, 건물 임차료 등이 판관비를 차지한다. 서비스직의 인건비처럼 매출과 직접 연동해 발생하는 인건비는 매출원가이지만, 임원이나 관리직 등 매출이 변해도 고정적으로 나가는 돈은 판관비이다.

매출총이익에서 판관비를 빼서 〈영업이익〉을 산출한다. 영업이익 역시 양수여야 하지만, 매출이 없는 사업 초기에는 영업이익이 음인 손실 상태로 운영되기도 한다. 제품과 서비스 가격은 매출원가와 판관비를 꼼꼼히 고려해서 정해야 적어도 손해 나는 장사를 면할 수 있다.

영업이익에서 회사의 주된 영업 활동과 관련이 없는 투자 이익이나 부채 이자 비용, 그리고 세금까지 빼고 나면 〈당기순이익〉이 산출된다. 개인 사업자의 순이익은 곧 자기 연봉이 된다. 당기순이익도 음의 값으로 순손실을 기록할 수 있으며, 보통 순손실만큼을 투자나 융자로 메우게 된다. 비용을 제해서 이익이 산정되고 이 금액에 세금이 부과되므로 발생한 비용 내역들을 꼼꼼히 챙겨두지 않으면 내지 않아도 될 세금을 물어야 할 수 있다.

손익계산서의 예

매출	240,000,000	원
고객수	1,000	명
고객당구매수	12	개
상품가격	20,000	원
매출원가	117,600,000	원
구매원가	96,000,000	원
직접인건비	-	원
포장비	2,400,000	원
배송비	4,800,000	원
수수료	12,000,000	원
마일리지	2,400,000	원
매출총이익	122,400,000	원
판매관리비	56,200,000	원
(간접)인건비	24,000,000	원
마케팅비	24,000,000	원
감가상각비	-	원
임차료	4,800,000	원
수도광열비	2,400,000	원
통신비	600,000	원
시내교통비	100,000	원
차량유지비	300,000	원
영업이익	66,200,000	원
이자비용	-	원
투자수익	-	원
법인세	6,620,000	원
순이익	59,580,000	원

사업 전에 추정 손익계산서를 만들어 본다. MVP 데이터를 근거로 추정 매출을 산정하고, 엑셀에 수식을 걸어 매출 변화에 따른 매출원가를 예상한다. 추정 손익계산서가 만들어지면 최소 얼마의 매출이 필요한지, 이를 위해 몇 명의 팬을 확보해야 하는지, 이를 위해 어느 정도 범위의 타깃 수에 마케팅해야 하는지 어림할 수 있다. 약식 추정 손익계산서조차 직접 만들 수 없다면 사업은 아직 시작하지 않는 편이 좋다. 추정 손익계산서에서 순이익이 영구 지속할 수 있는 수준에 크게 못 미친다면 그 일은 라이프스타일 비즈니스가 아닌 라이프스타일로 두는 편이 나을 수도 있다.

경영은 숫자라는 말이 있다. 사업이 시작되면 일, 주, 월, 분기 단위로 약식 손익계산서를 만들어 추정 손익계산서에서 빠뜨렸던 비용은 없는지, 매출이나 이익이 계획한 대로 나고 있는지, 아니라면 이유는 무엇인지, 개선 방법은 있는지 세심히 살피고 보완해 나가야 한다.

부가가치세와 소득세

사업을 시작하기도 전에 세금과 세금 신고에 겁을 먹는 사람들이 있다. 기본적으로 번 만큼 내는 것이 세금이다. 아직 벌기도 전에 겁부터 먹을 필요는 없다.

부가가치세의 예

	제조업자	도매업자	소매업자	최종 소비자
판매가	10,000	20,000	30,000	
부가세	1,000	2,000	3,000	
매입가		10,000	20,000	30,000
부가세		1,000	2,000	3,000
창출한 부가가치	10,000	10,000	10,000	
납부하는 부가세	1,000	1,000	1,000	

부가가치세는 말 그대로 부가된 가치에 대해 매기는 세금인데, 유통 과정에 있는 제조업자, 도소매업자가 서로에게 전가하다가, 최종적으로 소비자가 전부 지불한다. 예를 들어 표처럼 제조업자가 1만 원짜리 물건을 만들면 1만 원에 해당하는 부가가치가 생성된다. 그래서 제조업자는 10%에 해당하는 1,000원의 부가가치세를 국세청에 납부한다. 그리고 이 물건을 도매업자에게 팔면, 도매업자는 부가가치세에 해당하는 1,000원을 추가로 지불하면서 1만 1,000원을 제조업자에게 주고 물건을 구매한다. 제조업자는 1,000원을 부가가치세로 냈지만 1,000원의 부가가치세를 도매업자로부터 받았으므로 손해가 없다.

도매업자는 2만 원에 소매업자에게 물건을 팔면서 2,000원의 부가가치세를 받는다. 도매업자는 유통 과정에서 1만 원의 부가가치를 창출했으므로 1,000원의 부가가치세를 국세청에 납부한다. 하지만 소매업자로부터 부가가치세로 2,000원을 받았고, 제조업자와 국세청에 각 1,000원씩 주었으므로 도매업자 역시 본전이다.

소매업자는 최종 소비자에게 정가 3만 3,000원으로 물건을 팔지만, 여기에는 부가가치세 3,000원이 포함되어 있다. 최종 소비자가 부가가치세로 3,000원을 지불한 셈이다. 소매업자는 부가가치세로 3,000원을 받았고, 2,000원은 도매업자에게, 1,000원은 국세청에 납부한다. 결국 3만 원이라는 총부가가치에 대한 세금은 최종 소비자가 지불하면서 그것을 각 단계에서 부가가치를 발생시킨 사업자가 국세청에 대신 납부하는 구조이다.

사업자가 알아야 할 부가가치세에 대한 지식은 간단하다. 물건을 팔 때는 정가에 부가가치세를 더해 받아야 하고, 받은 부가가치세는 나의 매출, 즉 내 돈이 아니다. 국세청에 납부해야 할 돈을 내가 잠깐 보관하는 것이다. 이때 상대에게 세금계산서를 발행해 주면 부가가치세를 받았다는 것이 국세청에 신고된다. 세금계산서는 국세청을 통해 거래 금액에 부가가치세가 포함되어 있음을 확인해 주는 증서이다. 그리고 물건을 살 때 함께 지불한 부가가치세만큼을 국세청으로부터 돌려받는다. 매입하면서 구매처에 세금계산서를 요청하면 국세청에 받아야 할 부가가치세가 등록된다.

보통은 6개월간의 내야 할 부가가치세와 받아야 할 부가가치세를 상계해 부가가치세를 납부하거나 환급받게 된다. 이것이 부가가치세 신고이다. 간략하게 정리하면 내야 할 부가가치세는 매출액의 10%가 되며, 받아야 할 부가가치세는 발급받은 세금계산서와 비용으로 인정되는 신용카드 전표상의 부가가치세 합계액이 된다. 가급적 많은 비용을 부가가치세 환급 대상으로 인정받으려면 신용카드를 사업 목적에 맞게 적재적소에 사용할 필요가 있다. 직불카드나 신용카드를 사업용으로 홈택스에 등록해 놓으면 더 손쉽게 부가가치세 신고를 처리할 수 있다. 간이 사업자는 1년에 한 번 신고하고, 학원, 출판업, 연예인 등 면세 사업자는 부가가치세를 신고할 필요가 없다.

개인 사업자는 벌어들인 소득에 대해 종합소득세를 내고, 법인 사업자는 법인세를 납부한다. 법인세는 복식 부기와 다소 복잡한 세액 계산을 요구하므로 아웃소싱하거나 대행 서비스를 이용하는 편이 낫다. 개인 사업자는 매년 5월에 전년도 소득에 대한 종합소득세를 신고하는데 이때 사업 이익이 사업소득에 포함되어 종합소득에 합산된다. 직장 근로자는 2월 연말정산을 통해 근로소득에 대한 세액이 결정되지만, 사업소득, 금융소득, 연금소득, 기타소득이 있는 개인은 5월에 근로소득과 나머지 소득을 합산해 추가로 신고한다. 신고 방법은 기본적으로 연말정산 과정과 같다. 따라서 인적 공제, 보험, 연금, 의료비, 신용카드 내역 등 공제 항목과 개인 사업자의 비용 내역을 이해하고 증빙 자료를 모아두는 것이 필요하다. 자세한 방법은 국세청 홈택스나 인터넷 자료를 찾아보면 된다.

결국 사업에 쓴 비용의 증빙을 꼼꼼히 챙기고, 사용 내역이나 부가가치세 내역과 함께 정리해 두고, 소득 공제나 세액 공제 항목을 찾아 공제 한도에 맞게 비용을 지출하는 것이 최고의 절세 방법이다. 사업을 위해 쓴 것이라면 통신비, 교통비, 식비, 주유비, 사무용품비, 전기/수도 요금, 가스비, 수리비 등이 비용으로 인정될 수 있고, 대부분 비용에는 부가가치세가 포함되어 있다.

summary

나의 라이프스타일 비즈니스
바로 시작하기

아이디어를 묵혀 두지 말라. 당장이라도 간단하지만 충분한 방법으로 사업의 핵심 가정을 실험하라.

핵심 가정	내 라이프스타일 비즈니스의 가장 매력적이지만 가장 불확실한 가정은 무엇인가?
MVP	핵심 가정을 실험할 수 있는 가장 빠르고, 저렴하고, 간단한 방법은 무엇인가?
대상자와 목표 수	누구에게 실험할 것인가?
MVP 평가 기준	MVP 실험이 어떤 기준을 통과했을 때 비즈니스를 시작할 수 있는가?

크리에이터라면 작품의 일부만을 제작해 퍼블리싱 회사들에 보내는 것도 MVP가 된다. 책을 내고 싶다면 일단 한두 장짜리 출간 기획서와 원고 일부만으로 출판사 문을 두드려 볼 수 있다. 예술이나 공예 작품이라면 소셜 미디어에 제작 과정이나 완성품을 올려 시장 반응을 살피거나, 사전 판매할 수도 있다.

다음은 소셜 미디어 광고를 활용하는 린 마케팅 MVP 계획이다. 간단한 랜딩 페이지를 만들고, 광고하는 방법만 안다면 짧은 시간 안에 사업을 시

핵심 가정	새로운 라이프스타일 제안에 대한 구매 수요가 있다. 사람들은 내가 제안하는 행복의 순간을 비용을 지불하고도 경험하고 싶어한다.
MVP	소셜 미디어에 광고, 랜딩 페이지로 연결
대상자와 목표 수	라이프스타일 키워드와 조건에 맞는 1만 명에게 노출
MVP 평가 기준	• 도달률: 노출된 사람의 30%(3,000명) 이상이 관심 있게 봄 • 방문율: 1,000명(10%) 이상이 링크된 랜딩 페이지에 방문 • 사전 관심: 100명(1%) 이상이 이메일로 사전 신청

작할 수 있다. 노출 수나 목표 도달률, 방문율 기준은 라이프스타일 제안에 따라 달라진다.

12억 달러에 아마존에 인수된 미국 신발 전문 쇼핑몰 〈자포스Zappos〉는 동네 신발 매장에서 찍은 신발 사진을 인터넷에 올려 팔아보는 것으로, 현재 600억 달러 가치의 〈에어비앤비Airbnb〉도 처음 자신들이 거주하는 아파트를 인터넷에 올려 단기 임대하는 것으로 사업 가정을 실험했다. 〈배달의민족〉, 〈당근마켓〉, 〈무신사〉도 처음에는 쉽게 시도해 볼 수 있는 간단한 MVP로 자신들의 사업적 가정을 검증했다. 당시 대학생이었던 《킨포크》 창업자 부부도 처음에는 디너파티 용품을 파는 온라인 쇼핑몰 사업을 구상했으나, 먼저 자신들이 꿈꾸는 식탁과 소모임에 대한 사진과 이야기를 잡지로 엮어 보자던 것이 《킨포크》 창간호가 되었다. '우리가 꿈꾸는 식사를 다른 사람들도 좋아해 줄까?'라는 핵심 가정이 MVP 실험을 통과한 것이다.

나의 라이프스타일 비즈니스의 핵심 가정은 무엇이고, 그것을 어떻게 빠르게 실험하고 검증할 수 있을까? MVP가 정해졌다면 미루지 말고 지금 당장 할 수 있는 것부터 바로 시도해 보자.

라이프스타일
비즈니스 확장

lifestyle business expansion

—

—

MVP가 성공적이었고, 내 제안을 찾아준 고객이 생겼으며, 매출이 발생하기 시작했다면 제안 확장을 고민한다. 라이프스타일 제안을 확장하는 방법은 크게 두 가지다.

첫 번째 방법은 복제를 통해 제안이 도달하는 범위를 확장하는 것이다. 같은 제안을 더 많은 사람들이 알게 함으로써 팬을 늘리는 일이다. 고객 접점을 늘리고 마케팅 활동을 하는 것이 이런 확장 방법이다. 하지만 여기에만 만족하면 라이프스타일 비즈니스는 지속 가능성이 떨어지며 생명을 잃는다.

두 번째 방법은 제안 자체나 제안 내 구성요소를 확장하는 것이다. 이것이 고객의 재방문을 이끌어내고, 고객을 팬으로 만들고, 고객에게서의 인생 점유율을 높이고, 가치를 지키는 활동을 늘려가며 비즈니스의 지속 가능성을 만드는 유일한 방법이다.

4장에서 작성한 〈라이프스타일 비즈니스 모델 캔버스〉에서 우리는 제안
의 확장 계획을 어느 정도 세워 놓았다. 〈라이프스타일 제안 확장〉 란에 뭔
가 적혀 있다면 대략적인 계획이나 아이디어는 있었던 셈이다. 여기서는
이것을 실천적인 계획으로 전환한다.

	고객과 공유하는 가치와 인생 키워드		브랜드 아이덴티티(BI) • 브랜드명: • 인터넷 도메인: • 로고 디자인: • 색상 팔레트:
	고객과 함께 꿈꾸는 삶의 모습		
	매력적인 라이프스타일 제안		환경 분석 / 시의적절성
• 제상품: • 서비스: • 보조물: • 상징물:	• 고객: • 고객 키워드:		경쟁자 분석 / 경쟁 전략
라이프스타일 제안 확장 • 라이프스타일 제안은 어떻게 확장되는가? • 당신의 노동이 계속 투입되어야 하는 구조인가?	수익 모델 / 수입		장애요인 / 해결방안 / 필요자원 / 비용

제안의 복제

단기적으로 가장 빠르고 간단하게 확장하는 방법은 〈복제〉다. 복제는 MVP로 실험되고 검증된 라이프스타일 제안을 어떤 식으로든 더 많은 사람들에게 알리는 일이다. 1인 크리에이터라면 더 많은 팬을 모으고, 오프라인 독립 매장이라면 매장 수를 늘리고, 온라인 서비스나 쇼핑몰이라면 더 많은 사람들에게 제안하고, 독립 제조판매사라면 같은 제품의 생산량과 거래처를 확대한다.

콘텐츠 크리에이터라면 인기를 얻은 콘텐츠가 더 많은 잠재적인 팬들에게 도달할 수 있도록 알린다. 이때 콘텐츠 형태에 따라 복제 방식이 달라진다. 도서, 사진, 디지털 그림, 음악, 강의, 모바일 앱 등 무한 복제되어 판매될 수 있는 콘텐츠는 더 많이 알려야 한다. 언어 장벽이 없는 콘텐츠라면 해외까지 적극적으로 홍보할 수 있다. 유튜브나 인스타그램처럼 팬을 확보하는 것이 수익으로 연결되는 콘텐츠 역시 가급적 많은 사람에게 도달해 가치 제안을 해 보아야 한다. 소셜 플랫폼에서는 인기 콘텐츠를 바로 광고로 노출할 수 있는 방법을 제공한다.

쉽게 복제할 수 없는 형태의 콘텐츠나 제품을 창작하는 크리에이터라도 자신의 라이프스타일 제안을 수용하는 사람들을 늘릴 수 있는 방법을 고안한다. 작품 제작 과정을 공유하거나 라이브 쇼를 진행함으로써 잠재 고객이 될 팬을 늘리거나, 복제품을 만들어 판매한다.

1년의 절반을 전 세계 주요 도시를 돌며 라이브 드로잉live drawing 쇼를 했던 한국인 고故김정기는 자신의 소셜 미디어에 라이브 쇼의 일부를 지속적으로 공유했다. 그는 거대한 캔버스에 밑그림이나 구도 작업 없이 바로 디테일한 그림을 그려 나간다. 피사체도 없다. 오로지 자신의 머릿속에서 대상을 끄집어내 종이 위에서 살려낸다. 수 미터짜리 대작을 수많은 관객과 기자들 앞에서 붓펜 하나로 완성해 낸다. 그런 그림이 즉석에서 수천만 원에 팔리기도 한다. 마블Marvel, 블리자드Blizzard, 넷플릭스, 청와대, SK, 봉준호, 송민호 등 수많은 조직과 개인들의 초청을 받아 함께 작업했다.

그는 어려서 공부에 관심이 없었다. 학교에 가면 1교시부터 하교 때까지 그림을 그렸다. 흰 여백만 보이면 그림을 그렸다고 한다. 그는 한 번도 정식으로 미술을 배운 적이 없다. 대학도 중퇴했다. 20대에는 만화가가 되기 위해 작품을 그려 출판사 11곳을 찾아갔다가 모두 거절당했다. 그리고 홍대 근처에서 만화 드로잉 학원을 13년간 운영하면서 가르치고 그렸다. 그러다가 2011년 부천국제만화축제의 조그만 부스에서 선보인 그의 라이브 드로잉이 세상에 알려지면서 그의 독특한 제안이 수많은 팬을 얻기 시작했다. 그때가 그의 나이 30대 후반이었다. 그의 그림이 선정적이라는 비판도 있지만, 누구나 머릿속에서만 상상할 법한 것들을 종이 위에 살려내는 것이 그의 장기이다. 그는 주변에서 자신이 가장 행복한 것 같다고 이야기하곤 했다.

김정기의 인생 키워드가 라이브, 상상, 드로잉이라면, 영국의 제프 머레이는 여행, 탐험, 드로잉이다. 김정기가 즉흥적으로 상상 속 장면을 몇 시간, 길어야 며칠 만에 그려낸다면, 제프는 하나의 작품을 위해 수년 동안 공부하고 5~6개월 동안 작업하기도 한다. 그의 탐험 영역은 현실 세상일 때도 있지만, 고대 그리스나 이집트로 상상 여행을 떠나기도 한다. 그는 자신의 세심한 작업 과정을 조금씩 소셜 미디어에 공유해서 작품이 완성되기 전부터 팬들이 열광토록 만든다. 그리고 원작도 판매하지만, 더 많은 팬들이 작품을 소장할 수 있도록 프린팅 버전도 자신의 홈페이지에서 판매한다. 일부 프린팅 버전은 미리 약속된 한정 수량만 인쇄해서 소장 가치를 높인다.

그는 영국 런던에서 태어났지만, 캐나다에서 2년 살았고, 수년간 미국, 유럽, 아시아, 호주를 돌았다. 값싼 식용유로 달리는 차로 호주 동남쪽 시드니에서 북쪽 다윈Darwin까지 7주를 야영하며 여행했다. 뉴질랜드에서 사는 동안 거기서 그의 작품이 하나둘 팔리며 그의 라이프스타일이 라이프스타일 비즈니스로 전환되었다. 열렬한 등산가이며 스노보더이기도 한 그는 히말라야, 알프스, 로키 등 세계 유명 산들을 올랐다.

오프라인 매장은 같은 콘셉트의 매장을 늘리는 확장 방법도 있지만, 제품을 온라인 등 다른 유통망에 올려 판매함으로써 지역적인 한계를 넘어설 수 있다. 서울 배드 파머스 레스토랑은 자신들의 건강 주스를 용기에 담아 편의점과 아침 배달 서비스로 공급한다. 홍콩 모요는 식당 메뉴를 온라인으로 주문할 수 있는 도시락 서비스를 제공한다.

©jeffmurray

영국의 세밀 펜화 아티스트 제프 머레이는
푸른 돛을 단 작은 갤리선에서 시작하는 작품 제작 과정을
소셜 미디어에 공유해서 팬을 모으고 인쇄본을 제작해 전
세계 팬들이 함께 즐길 수 있도록 한다.

(jeffmurray.co.uk, @jeff_murray_art)

284

한국의 라이브 펜화 아티스트 고故김정기는
세계를 돌며 라이브 드로잉 쇼, 강의, 벽화, 콜라보 등
다양한 활동을 펼쳤다.
밑그림도 없이 술술 벽 한가득 상상력을
쏟아내는 그의 쇼를 보기 위해
어느 도시에서나 그의 팬들이 모여들었다.
소셜 미디어는
새로운 팬들에게 그를 알리고,
그들과 소통하는 중요한 매체였다.
(kimjunggius.com, @kimjunggius)

해외로 복제

거의 대부분의 라이프스타일 비즈니스는 해외로 확장 가능하다. 인간이 꿈꾸는 삶, 지켜가고자 하는 가치는 어느 정도 보편적이기 때문이다. 세부적인 면에서 언어, 문화적 차이가 있을 수 있지만 세계 어디에나 나와 같은 삶을 꿈꾸는 사람은 있기 마련이다. 무인양품, 이케아, 자라 홈Zara Home 매장을 세계 주요 도시에서 만날 수 있고, CJ 비비고 한식이 해외에서 인기를 끄는 것도 라이프스타일의 글로벌 확장성을 보여준다. 특히 인터넷 미디어 확산으로 이런 추세는 더욱 강화되고 있다. 따라서 글로벌 확장은 반드시 고려해 볼 만한 라이프스타일 비즈니스의 확장 옵션이다.

단, 라이프스타일 비즈니스 인기는 라이프스타일의 다양화에 기초한다. 이런 현상은 소득 수준이 먹고 사는 문제를 어느 정도 해결한 후에 일어나므로, 인당 소득이 3만 달러 이상 되는 국가들이 주요한 타깃이 된다. 이케아나 무인양품 매장이 들어선 나라들이 그러한 곳이다. 한국 이케아 매장도 2014년에야 처음 들어왔다. 다만 중국(인구 세계 1위), 인도(세계 2위), 인도네시아(세계 4위)는 워낙 인구가 많아 평균 소득 3만 달러 이상의 부자들이 웬만한 국가의 인구수를 넘어서기 때문에 평균 소득이 낮음에도 불구하고 글로벌 라이프스타일 매장들이 많이 들어가 있다.

물류 배송에 제한이나 유통 기한이 없는 제안 구성 요소라면 글로벌 확장에 더할 나위 없이 좋겠지만, 그렇지 않더라도 현지 조달, 현지 제작 등 방법을 찾을 수 있다. 독일의 프린세스가든은 전 세계 도시에 도시공원 모델을 복제하고 있고, 일본의 니콜라이 버그만은 서울과 코펜하겐에 매

장을 열었다. 귀네스 팰트로의 럭셔리 웰빙 라이프스타일 비즈니스인 굽
goop도 캐나다, 영국, 프랑스, 독일, 이탈리아까지 서비스 대상 국가를 확대
했다.

　로스팅한 지 이틀 이내의 원두만을 사용하기 위해 블루보틀은 현지 국
가에서 로스팅을 한다. 그래서 한국 블루보틀 1호점인 성수점에는 로스터
리roastery와 바리스타 교육을 위한 트레이닝 랩training lab 공간이 별도로 마
련되어 있다. 공간 라이프스타일에 집중하는 스타벅스 코리아와 다른 점
이다. 그래서 블루보틀 매장 안은 오래 머물며 일하거나 책 읽기 좋은 공
간은 아니다. 와이파이도, 콘센트도 없다. 대신 블루보틀은 자신의 가치를
대변하는 매장 입지에 더 신경을 쓴다. 짙은 녹색 여신 로고와 두꺼운 고딕
체 간판, 통일된 인테리어로 어디서나 자신의 존재감을 떡하니 드러내는
방식이 아니라, 그 지역색에 녹아들어 마치 거기 오래전부터 있어온 것처
럼 동화되기를 추구한다. 그래서 블루보틀 글자가 새겨진 대형 간판을 찾
아보기 힘들다. 파란 병 모양 로고만이 잘 드러나지 않게 숨어있는 경우가
대부분이다. 교토 난젠지南禪寺, Nanzenji의 블루보틀 매장은 내가 가 본 가장
아름다운 카페 중 하나로 손꼽는다.

　아마존, 이베이와 같은 글로벌 커머스 플랫폼은 독립 제조판매사의 글로
벌 확장을 돕는다. 〈아마존 KDPKindle Direct Publishing, 킨들 직접 출판〉은 글로벌 독
립 출판을 지원하고, 〈사치 아트Saatchi art〉와 같은 글로벌 예술 거래 플랫폼이
나 〈엣시Etsy〉와 같은 글로벌 수공예 플랫폼, 14살의 빌리 아일리시Bille Eilish
를 세계적인 스타로 만들어 준 아마추어 뮤지션의 음원 공유 플랫폼인 〈사
운드클라우드SoundCloud〉도 크리에이터들의 글로벌 확장을 용이하게 한다.

한국의 블루보틀 1호점인 성수점에는 신선한 로스티드 커피빈을 서울 시내 매장들에 공급하기 위한 〈로스터리〉가 1층에 있고, 지하 1층의 일부를 매장으로 사용하고 있다. 매장 반대쪽에는 직원 교육을 위한 〈트레이닝 랩〉이 있다.

블루보틀이 성수를 1호점 입지로 선택한 이유는 이곳이 다양한 라이프스타일 비즈니스들이 살아나는 힙한 공간이기 때문이다. 성수의 상징인 적벽돌의 큰 건물이 블루보틀임을 알 수 있는 유일한 표시는 블루보틀이 그려진 작은 금속 간판이 전부다.

▲ 캘리포니아 스탠포드 대학 근처의
블루보틀 하나하우스(Hanahaus)점.
현재는 코워킹 스페이스(coworking space)로
사용되고 있지만,
오래된 극장(Varsity Theater)이었던
기존 공간과 인테리어를 그대로 활용해
카페가 공간에 녹아든 듯한
느낌을 준다.

같은 블루보틀 매장이라도
통일된 아이덴티티 요소는
매장 입구의 작은 블루보틀 로고뿐이다.
북촌에 있는 블루보틀 삼청 한옥점은
원래부터 북촌 뒷골목에 있던 찻집인 듯
그렇게 차분하게 자리 잡고 있다. ▼

교토의 블루보틀 난젠지점은
주변 고도시 경치에 조화롭게 자리한
손꼽을 만큼 아름다운 카페이다.
하지만 편리함과는 거리가 있다.
여기도 간판은 매장 앞 키 낮은 목재 입간판과
저 멀리 뒤쪽 건물에 보이는 로고가 전부다. ▼

한국의 〈크몽〉과 유사한 글로벌 프리랜서 연결 플랫폼인 〈파이버fiverr〉에서 세상에 자신의 재능을 의뢰 단위로 팔 수 있다. 창작 크리에이터라면 〈패트리온Patreon〉에서 팬들로부터 직접 후원을 받아 작품을 창작할 수 있다. 유튜브, 인스타그램, 핀터레스트와 같은 글로벌 소셜 플랫폼들도 커머스 기능을 접목하면서 홍보와 판매를 동시에 할 수 있도록 지원한다. 구글에서 자신의 인생 키워드에 플랫폼platform이라는 단어를 함께 영어로 검색하면 세계의 수많은 거래 플랫폼을 찾을 수 있다. 만약 적당한 플랫폼을 찾지 못했다면 당신이 그런 플랫폼을 만드는 것을 고려해 볼 수 있다.

당신의 라이프 스타일을
사겠습니다

제안의 확장

제안의 복제, 즉 양적인 확장은 고객 수와 매출을 늘릴 수는 있지만, 팬을 만들고 그들의 재방문을 유도할 수는 없다. 반복해서 방문해 주는 팬이 없다면 비즈니스는 지속 가능성을 잃는다. 이것이 반짝 오른 인기나 매출보다 중요하다.

한 번 방문한 고객을 다시 방문하게 만들려면 어떻게 해야 할까? 자신의 인생 키워드와 제안의 핵심이 커피나 음식처럼 반복적으로 소모하는 기호품이 아니라면 방법은 하나뿐이다. 새로운 볼거리와 경험을 제공하는 것이다. 동일한 라이프스타일 안에서 인생 점유율을 높여갈 수 있다면 어떤 확장 도구와 방법이라도 가능하다. 같은 가치를 추구하는 것이라면 기존 제품 카테고리나 기존 서비스 범주에 매몰될 필요가 없다. 단지 신제품을 디자인하고, 제품 카테고리를 늘리는 것만이 라이프스타일 제안을 확장하는 방법은 아니다.

파타고니아는 등반을 위해 암벽에 박는 못인 피톤piton 대신 바위틈에 끼워 사용하는 알루미늄 촉스톤chockstone을 시작으로 환경 가치에 눈을 떴지만, 찢어지거나 해지지 않는 등산복과 서핑 바지를 만든다. 파타고니아 옷 하나를 수십 년씩 입고, 대를 이어 입히는 사람들을 찾아가 영상을 만들고 유튜브에 공유한다. 헌 옷을 매입해서 수선하고 세탁해 재판매하는 헌 옷

프로젝트Worn Wear를 진행하고, 회사와 공장에 태양광 패널을 설치한다. 사내 식당은 채식 위주로 운영한다. 매년 매출의 1%를 환경 운동에 기부하고, 환경과 생태계를 파괴하는 댐과 보 철거 운동에 참여한다. 바다에 버려진 폐그물을 수거해 옷과 모자를 만들었다. 환경 담당 임원Chief Environmental Officer을 선임하고, 환경주의자들만 직원으로 채용한다. 앞서 이야기했듯이 2019년 창업자인 이본 회장이 〈우리는 지구를 지키기 위해 사업을 한다〉고 직접 사명 선언문을 고쳐서 공표하고, 2022년에는 자신과 가족의 비상장기업 파타고니아 지분 전체를 환경 보호를 위한 비영리재단에 기부했다. 4조 원(약 30억 달러)이 넘는 금액이다. 파타고니아 주주는 자신이 아닌 지구라고 했던 자신의 말을 실천한 셈이다. 이 모든 것이 환경 보호라는 가치와 신념, 라이프스타일을 지키고 그러한 라이프스타일 제안을 확장하는 방법이다. 평소 환경에 관심이 없던 사람이 그러한 매력적인 확장 제안에 끌려 파타고니아 매장 앞을 평소처럼 그냥 지나치지 못한다면, 빙고!, 라이프스타일 제안이 성공하는 순간이다.

확실한 가치를 중심으로 한 제안의 확장성 하면 〈무인양품MUJI〉을 빼놓을 수 없다. 무인양품은 단순함이라는 가치를 삶의 모든 카테고리에 적용하며 팬들에서의 인생 점유율을 착실하게 올린다. 의류와 생활잡화로 시작한 그들의 제안은 가구와 가전으로, 음식과 식재료로, 그리고 주택과 호텔로, 급기야 이동수단으로까지 확장했다. 2019년에는 핀란드의 자율주행 스타트업 센서블4Sensible4와 협력하여 〈가차GACHA〉라는 무지MUJI스러운 자율주행 셔틀버스를 선보였다. 미니멀 라이프스타일은 소유에서 오는 복잡함보다 공유를 통해 얻는 단순함을 선호한다. 이것이 바로 무인양품이 남들이 다 하는 자율주행 자가용이 아닌 자율주행 공용 버스로 먼저 제안을 확대하는 이유이다. 〈가차〉는 현재 핀란드에서 시범 운행 중에 있는데, 핀란드에서 성공하면 기후가 비슷한 일본 북부를 포함해 세계 어디서나 운행할 수 있다는 게 무인양품의 생각이다. 무지 팬들이 전 세계 쇼핑몰을 돌며 또 다른 무지스러운 것을 찾는 수고를 덜어주기 위해 무지 편집숍인 〈파운드 무지Found MUJI〉 매장도 만들었다. 꼭 자신들이 만든 것이 아니더라도 팬들을 위해 큐레이션 수고를 자처하는 것이다.

커피를 인생 키워드로 하는 카페 비즈니스가 같은 분위기의 매장을 늘리고 커피를 배달할 수 있도록 포장해 판매하는 것은 복제의 확장법이다. 하지만 여기서 나아가 추구하는 행복한 순간을 더욱 풍부하게 만드는 디저트를 추가하고, 집에서도 커피를 직접 내려 마실 수 있도록 직접 로스팅한 커피빈과 드립 도구를 판매한다면 그것은 제안의 확장 방식이다. 블루보틀은 로컬 로스팅한 커피빈과 드립 도구들을 함께 판매하며, 블루보틀 청담 한옥점에서는 오직 예약제로 운영되는 고가의 디저트 세트를 판매한다. 마치 아코메야처럼 고객이 요구하는 빈 블렌딩을 바꾸고 로스팅 수준을 커스터마이징해서 판매한다면 팬을 만들고 재방문을 유도하는 추가적인 확장 방법이 될 수 있다.

확장 도구들

제안하는 라이프스타일에 적합한 상품을 큐레이션해서 판매하는 온라인 또는 오프라인 편집숍이라면 가급적 자주 상품을 업데이트하는 것이 재방문을 유도하는 가장 좋은 방법일 것이다. 재고가 소진된 상품들도 진열해 두어서 전체적인 라이프스타일 제안 가치를 전달하고, 재판매를 위한 고객의 잠재 수요를 파악할 수 있다. 하지만 사업 초기에 이렇게 자주, 많은 상품 구성을 추가하는 데는 한계가 있다.

콘텐츠

이런 경우에는 제안 구성 보조물로서 콘텐츠를 적극 활용한다. 기존 제안을 기반으로 한 사진이나 스토리 콘텐츠는 비교적 쉽게 추가할 수 있고, 고객의 관심과 재방문을 유도할 수 있다. 그런 면에서 고객의 긍정적인 후기는 아주 좋은 콘텐츠 보조물이다. 괜찮은 후기들을 골라 더 풍성한 콘텐츠로 재구성할 수 있다. 좋은 경험을 한 고객과 별도 인터뷰를 하거나 실제 사용 경험이나 노하우를 영상이나 사진 콘텐츠로 제작해 다른 고객들에게 소개하는 것이다. 자신의 라이프스타일 제안 관련 해외 기사나 블로그, 소셜 미디어 포스팅을 번역해 원문 링크와 함께 주기적으로 제공할 수도 있다. 관련 도서를 읽고 요약본이나 감상 콘텐츠를 공유하거나, 여러 콘텐츠들을 조사하고 조합해 라이프스타일 제안에 맞게 재구성할 수도 있다.

식음료

'먹는 사업은 망하지 않는다'는 속설이 있다. 왜냐하면 사람은 먹지 않고는 하루도 살 수 없기 때문이다. 하루라도 오늘은 무얼 먹을까 고민하지 않은 사람이 있을까? 먹기 위해 구매하는 것은 상대적으로 빨리 소진된다. 그래서 재방문하고 재구매해야 한다. 따라서 라이프스타일 제안의 제품이나 보조물로서 먹고 마시는 것을 추가하면 잦은 재방문을 유도할 수 있다. 커피, 빵, 식사, 식재료 등이 그러하다. 대부분의 대형 라이프스타일 비즈니스가 식食 라이프스타일을 자신들의 제안에 추가하는 이유이다.

〈아코메야〉는 〈스타벅스 재팬〉, 〈플라잉 타이거 코펜하겐Flying Tiger Copenhagen〉, 〈쉑쉑버거Shake Shake Burger〉 등 브랜드를 일본에서 운영하고 있는 라이프스타일 체인 기업인 〈사자비 리그Sazaby League〉가 자체 런칭한 라이프스타일 브랜드이다. 그들은 하필 왜 쌀을 주제로 선택했을까? 나도 처음에는 '촌스럽게 왜 카페가 아닌 쌀집을?'이라고 생각했다.

한국과 마찬가지로 일본인의 주식은 쌀이다. 하루에 한 번 이상은 밥을

어쩌면 우리는, 개척자일지도 모른다…

농사 경험 제로의 부부가,
야채 경험 제로의 흙과
함께 가는 농업.
거친 환경의 농장에서,
강하고 개성 있게 크는 채소들.
닭들은 숲을 돌아다니며
자기 본능대로 살아간다.

쌀 전문점으로 시작한 아코메야는
좋은 쌀밥을 찾는 라이프스타일의 고객들에게
좋은 쌀밥에 어울리는 좋은 채소와 고기,
식기와 도구들로 그들의 제안을 확장하고 있다.
(akomeya.jp, @akomeya_tokyo)

〈아코메야의 어머니날 제안〉.
"야코메야에서는
매일 식탁의 주역이 되는 쌀을 비롯하여,
풍부한 맛을 즐길 수 있는 식재료와
여성의 일상을 품위 있게 물들이는 잡화 등
어머니날 추천 선물을 준비하였습니다."

먹고, 어찌 됐든 평생 쌀을 사 먹어야 한다. 그들은 일본 사람 모두에게 아코메야 라이프스타일을 제안하는 것이 아니다. 쌀을 세심하게 골라 먹는 라이프스타일을 가진 사람들을 위한 라이프스타일 제안을 아코메야를 통해 하는 것이다. 그런 점에서 쌀은 특정 라이프스타일을 가진 사람들을 걸러내고 수시로 재방문하는 팬을 만드는 탁월한 선택이다.

몇 년 전부터 럭셔리 라이프스타일 스토어인 백화점들이 전국 유명 맛집들의 분점을 백화점 내에 들이려는 이유도 마찬가지이다. 물건을 구매하는 일은 한 달에 한두 번 정도지만, 식사는 하루 세 번 해야 하기 때문에 고객의 재방문율을 획기적으로 높일 수 있기 때문이다.

공간

라이프스타일 제안의 핵심이 공간이 아니라면 〈공간〉을 제안 확장의 도구로 고려할 수 있다. 제안하는 라이프스타일을 충분히 경험할 수 있는 공간을 만들어 제안에 포함하는 것이다. 짧게는 한두 시간 머무는 공간에서 길게는 한 달, 1년을 머무는 공간, 좁게는 혼자만의 공간에서 넓게는 대자연을 느끼는 공간까지, 정적이고 아늑한 공간에서 경쾌하고 신나는 공간까지, 현실 세계의 공간에서 가상현실 속 공간까지 다양하게 설계할 수 있다.

〈최인아 책방〉은 책이 키워드이지만, 햇살이 드는 서재 창가에서 커피 한 잔과 함께하는 편안한 독서 공간을 제안에 포함한다. 〈북앤베드 도쿄〉도 책이 핵심 키워드지만, 하룻밤 나만의 다락방 공간을 제안한다. 한 권의

당신의 라이프 스타일을
사겠습니다

책 속으로 들어온 듯한 공간을 찾는다면 도쿄에는 〈모리오카 서점〉이, 서울에는 〈한 권의 서점〉이 있다. 덕수궁이 내려다보이는 〈마이시크릿덴My Secret Den〉에서는 주인장이 큐레이션한 책들과 함께 사색과 몰입의 공간을 제공한다. 예약제로 운영되고, 발뮤다 더 토스터The Toaster로 구운 햄치즈 토스트와 발뮤다 더 팟The Pot으로 드립해 마시는 깔끔한 미니멀 커피와 발뮤다 더 브루The Brew로도 커피를 내려 마실 수 있게 준비해 놓고 있다.

　퇴근 후 허전함을 달래기 위해 와인이나 칵테일 한 잔을 앞에 놓고 좋아하는 소설에 빠져들고 싶던 적이 있었나? 무라카미 하루키의 소설 《1Q84》의 주인공 아오마메가 하룻밤 잘 남자를 고르는 장면에서 그녀에게 선택된 남자가 주문했던 〈커티삭 하이볼Cutty sark Highball〉이나, 《위대한 개츠비》의 인물들이 한여름 날에 시원하게 들이켰던 얼음이 산뜩 늘어간 〈진 리키Gin Rickey〉를 마시고 싶은 적이 없었나? 연희동 〈책바〉는 그런 공간을 제공한다.

　책과 식사가 결합된 공간이라면 벨기에 브뤼셀에 있는 〈쿡앤북Cook & Book〉을 둘러보길 바란다. 책과 요리를 테마로 450평 대지에 9개의 서로 다른 공간을 만든 세계 최초의 책 테마파크이다. 우연히 만나게 되는 좋은 책을 찾아 헌책방 거리를 헤매던 추억을 다시금 느껴보려면 잠실에 있는 〈서울책보고〉에 가 보자. 서울에 있는 서른여 개의 헌책방들을 440평 공간에 모아 놓았다. 추억의 그 시절에 했던 것처럼 책을 뽑아 든 자리에 주저앉아 책을 읽을 수 있도록 바닥 쿠션도 준비되어 있다.

　마치 마법사의 서재에 들어온 듯 책들의 높은 벽에 압도되고 싶다면 판교출판단지 〈지혜의 숲〉이 있다. 최고 8미터 높이의 책장에 꽂혀있는 50만 권의 책들이 마치 숲처럼 장관을 이룬다. 이런 제안이라면 아르헨티나 부에노스 아이레스의 〈엘 아테네오 그랜드 스플렌디드El Ateneo Grand Splendid〉 서점을 빼놓을 수 없다.

물 위에 떠 있는 서점을 상상해 본 적 있는가? 런던의 리젠트 운하에서 〈워드 온 더 워터Word on the Water〉라는 선상 서점을 만날 수 있다. 어쩌면 못 만날 수도 있다. 어딘가 운항 중일지도 모르니…. 물길과 연결되어 배를 타고 서점으로 들어설 수 있는 이탈리아 베니스의 〈아쿠아 알타Libreria Acqua Alta〉 서점에는 갑자기 차오르는 수위에 대비해 작은 배들 위에 책을 잔뜩 쌓아 두었다. 가장 베니스다운 서점으로 세계인이 찾는 곳이다.

한국적인 책 라이프스타일을 경험하려면 서촌의 〈청운문학도서관〉이나 〈홍건익가옥〉 뒤채로 가 보자. 타임머신을 타고 과거로 돌아가 선비가 되어 한옥에서 책을 읽는 자신을 발견하게 된다. 일반 사람은 읽지 못하는 고서로만 채워진 낯선 분위기의 고서점이라면 1934년에 세워져 3대째 이어 오고 있는 인사동 〈통문관〉이 있다. 이곳에는 고려, 조선 시대의 서책들이 수백 년의 역사를 머금고 있다. 책을 읽고 관심 있는 주제에 대해 토론하는 공간을 찾는다면 〈트레바리Trevari〉 앱이나 웹에서 장소와 관심 분야를 골라 독서 클럽에 참여할 수 있다.

책이라는 주제 하나만으로도 누군가의 삶을 행복하게 만드는 이렇게 다양한 라이프스타일 공간을 창조할 수 있다. 자신의 라이프스타일 제안을 확장해 줄 행복 공간을 상상해 보자.

벨기에 브뤼셀에 있는
〈쿡앤북(COOK&BOOK)〉은
문학(▲), 요리(◀), 여행(╱), 만화,
라이프스타일, 아동, 예술, 음악 등
9개 테마로 공간을 꾸미고,
각 공간마다 테마에 어울리는
레스토랑을 운영한다.
식당에서 책을 파는 것인가?
서점에서 음식을 파는 것인가?
그들은 라이프스타일을 판다.
(cookandbook.com, @cookandbook_)

라이프스타일
비즈니스 화장

고요한 혼자만의 사색 시간을 제공하는 〈마이 시크릿 덴〉의 공간.
검은 색 인테리어 안에서 창밖의 푸른 덕수궁 돌담길 경치를 보면
마치 벽장 안에서 문틈으로 바깥 세상을 바라보는 듯한 착각에 빠진다.
(@my.secret.den)

서촌 〈홍건익 가옥〉 뒤뜰에는
책 읽기 좋은 작은 비밀 서재가 있다.
허리를 펴고 양반다리를 하고 앉아 서책을 펴면
과거를 준비하는 조선시대 양반이 된 듯하다.

(@seoul.hanok)

전혀 어울릴 것 같지 않은
〈책〉과 〈물〉이 만나면
새로운 느낌의 공간을 만든다.

런던의 선상 서점.
배 위에서는 가끔 연주나
공연이 열리기도 한다.
물결치는 〈water〉 위에
〈word〉가 배처럼 떠 있는
간판이 서점의 특징을
한눈에 보여준다.
(wordonthewater.co.uk,
@word_on_the_water)

원래 〈아쿠아 알타〉는
베니스의 수위가 갑자기 상승하는
이상 조위 현상을 나타낸다.
이때는 아쿠아 알타 서점 바닥까지
물이 차오른다.
맘에 드는 책을 골랐다면
서점 마스코트인 고양이와 함께
사진을 찍어보자.
(facebook.com/libreriaacquaalta,
@libreriaacquaalta)

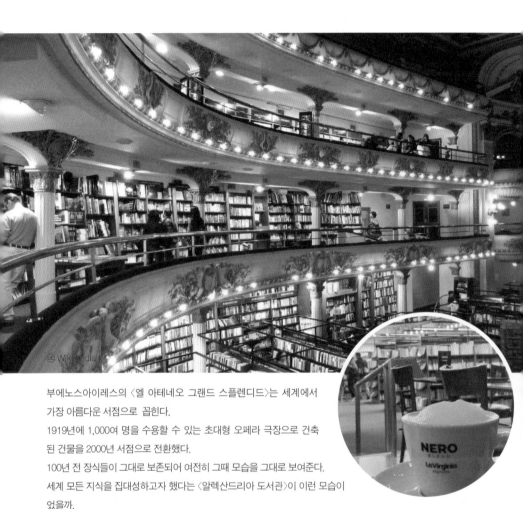

부에노스아이레스의 〈엘 아테네오 그랜드 스플렌디드〉는 세계에서
가장 아름다운 서점으로 꼽힌다.
1919년에 1,000여 명을 수용할 수 있는 초대형 오페라 극장으로 건축
된 건물을 2000년 서점으로 전환했다.
100년 전 장식들이 그대로 보존되어 여전히 그때 모습을 그대로 보여준다.
세계 모든 지식을 집대성하고자 했다는 〈알렉산드리아 도서관〉이 이런 모습이
었을까.
부에노스아이레스는 1인당 서점 수가 가장 많은 도시 중 하나이며, 이 서점에만 12만 권의 책들이 있다.
저 많은 책들 하나 하나는 누군가의 지식과 가치관, 신념, 라이프스타일을 담고 있겠지…?
서점 안 카페에서 따뜻한 거품 우유에 초콜릿을 잠수시켜 녹여 마시는 〈초콜릿 서브마리노〉를 마셔보자.

독립 서점의 롤 모델인 뉴욕의 〈스트랜드〉에는 엘리베이터를 통해서만 들어갈 수 있는 비밀 공간 〈희귀 책방〉이 있다. 여기서 책과 관련한 다양한 이벤트가 열리기도 하고, 일반인에게 대관해 스몰 웨딩이나 사교 모임이 있기도 한다.

커뮤니티 외에도 스트랜드 서점은 1달러 카트 쇼핑, 기념품 판매, 희귀 서적 판매, 북 인테리어 같은 북 라이프스타일을 제안한다. 북 인테리어는 고객이 원하는 콘셉트에 맞춰 책과 책장을 꾸며주는 서비스인데, 책 색깔별, 책 모양이나 크기별로 책을 골라 장식해 준다.

(strandbooks.com, @strandbookstore)

교육과 커뮤니티

강습, 교육, 워크숍, 커뮤니티 프로그램을 운영하는 것도 제안 확장 도구이다. 자신의 지식과 경험, 노하우를 공유하거나, 같은 라이프스타일을 가진 사람들이 함께 모이는 자리를 마련하는 것이다. 이 방법도 고객의 재방문을 유도하고 라이프스타일 브랜드에 대한 선호도와 유대감을 높여줌으로써 고객이 팬이 되게 한다.

일본의 니콜라이 버그만은 꽃다발 강의를 카페가 있는 플래그십 스토어 건물 2층에서 진행하고, 홍콩의 쿠오레 프라이빗 키친의 이탈리안 셰프 안드레아 오세티는 5일간 진행되는 〈마스터 클래스〉라는 요리 강좌를 연다. 서울의 파아람 티 하우스 카페 2층 〈한국 꽃차 마이스터 교육원〉에서는 박미정 원장이 꽃차 소믈리에들을 양성하는 교육이 진행된다.

〈최인아 책방〉에서는 매달 1회 같은 책을 읽은 북클럽 회원들이 저자나 편집자와 함께 토론할 수 있는 자리를 마련한다. 요즘은 오프라인 서점에 가지 않고도 인터넷 구매나 e북 서비스를 이용해 책을 사고 읽는다. 하지만 사람들을 만나 함께 책에 대해 이야기하는 지적, 사교적 즐거움은 오직 오프라인에서만 가능하다. 많은 독립 서점들이 이런 커뮤니티 활동을 자신들의 라이프스타일 제안에 추가함으로써 서점 방문을 유도하고 주기적으로 책을 구매하는 단골을 만들어 낸다.

1927년부터 뉴욕에서 3대째 이어오고 있는 독립 서점의 롤 모델인 〈스트랜드 서점Strand bookstore〉 3층 〈희귀 책방Rare Book Room〉 공간에서는 낭독회나 북 세미나는 물론, 파티 같은 사교 모임이나 동성애자 결혼식 등 다양한 이벤트들이 펼쳐진다. 여기는 마치 건물의 밀실처럼 엘리베이터를 통해서만 들어갈 수 있다.

스트랜드 서점에서 맨해튼 남쪽으로 내려가면 만날 수 있는 독립 서점 〈맥널리 잭슨McNally Jackson〉에서는 한 달 동안의 이벤트가 이미 꽉 차 있다. 매일 사람들이 모여 책에 대해 이야기한다. 그리고 서점 주인인 사라 맥널리Sarah McNally는 누구나 작가가 될 수 있는 방법을 여기서 공유한다. 그리고 자기 글을 pdf 파일 형태로 서점에 가져오면 5분 만에 종이책으로 만들어 준다. 저작권이 만료된 소설들을 엮어 나만의 소설집을 만들어 갈 수도 있다.

중국 베이징의 독립 서점 〈단향공간單向空間, 단샹콩젠, One Way Space〉에서는 매주 전국에서 젊은 지식인들이 모여 중국 사회의 현실과 나아갈 길에 대해 토론한다. 지금까지 그 참가자 수가 10만 명에 달한다.

이외에도 커뮤니티 형태는 매우 다양하다. 좀 더 자유로운 분위기에서 술을 마시며 대화를 나누기도 한다. 글쓰기나 그림, 공작, 요리 같은 취미를 함께 즐기기도 하고, 영화나 음악, 공연을 함께 감상한다. 이런 자리는 아무리 가까운 사이라도 라이프스타일이 다른 사람과 나누기 힘든 공통 주제로 한껏 이야기할 수 있는 행복의 순간을 제공한다. 나는 모리오카 서점의 요시유키 모리오카를 초청한 한 독립 서점에서 한 번도 본 적 없는 사람들이지만 함께 모리오카의 이야기를 듣고 질문하는 사람들에게서 느슨한 연대를 느꼈다. 이런 커뮤니티는 다음에서 언급할 가치 활동이라는 확장 도구로 연결되기도 한다.

가치 활동

마지막으로 언급할 제안 확장 도구는 가치나 라이프스타일을 지지하는 사회 활동이다. 거창한 캠페인이나 프로젝트 형태가 아니라도 혼자서 또는 고객과 함께 소소하게 할 수 있는 봉사나 기부 활동들을 포함한다. 환경 가치를 중시한다면 일본 서핑 라이프스타일숍인 WTW처럼 고객들과 해양 쓰레기 치우기 같은 가치 활동을 할 수 있고, 러쉬처럼 성소수자나 사회적 약자를 지원하는 운동에 참여할 수도 있다. 커피가 키워드라면 공정 무역을, 채식이나 동물 보호가 키워드라면 동물 복지 농장을 지원할 수도 있겠다. 파타고니아나 러쉬의 가치 활동들은 잘 알려져 있다. 이들은 유행처럼 ESG를 선언하고, 마케팅 목적의 판에 박힌 구호를 외치는 기업들과 다르다. 이런 사회 활동은 반드시 라이프스타일 비즈니스가 추구하는 가치와 맥이 닿아있어야 한다.

미국 워싱턴 D.C.에서 시작된 샐러드 체인점 〈스위트그린Sweetgreen〉은 샐러드계의 스타벅스로 불린다. 2021년 뉴욕증권거래소에 상장했고 기업 가치는 3조 원에 달한다. 스위트그린은 대학을 갓 졸업한 3명의 청년들이 가족과 친구들로부터 돈을 투자받아 시작했다. 웰빙 라이프스타일을 제안하는 이들의 핵심 가치는 〈지역 커뮤니티와의 유대〉이다. 매장마다 샐러드 재료가 다른데, 이것은 매장마다 그 지역의 제철 유기농 농산물을 공급받아 제공하기 때문이다. 스위트그린은 직접 지역 농장을 돌며 유기농 재배 방식과 종자를 확인하고 식재료를 꼼꼼하게 선택해, 지역 농장으로부터 중간 유통 없이 식재료를 직접 공급받는다. 농장에 "브로콜리를 공급할 수 있

샐러드 레스토랑 〈스위트그린〉은
자신들의 핵심 가치이자 핵심 키워드인
지역 〈커뮤니티〉를 위해
로컬 농장을 발굴하고, 크고 작은 뮤직 페스티벌을 열고,
지역 학교 교육 및 식사 지원 캠페인을 벌이는 등 가치 활동에
많은 노력을 기울인다.

(sweetgreen.com, @sweetgreen)

나요?"라고 요구하지 않고, "여기서는 무엇을 재배하나요?"라고 묻는다.

스위트그린 매장에서는 자기 샐러드에 들어갈 재료를 고객이 직접 고르는데, 고객들은 어느 지역의 어느 농장에서 각 재료가 공급되었는지 모두 확인할 수 있다. 매장을 새로이 오픈하기 전에 지역 주민들과 먼저 소통하고, 이들과 하나가 되기 위한 요가, 콘서트, 팝업 공연 행사를 개최한다. 매년 2만 명이 모이는 〈스위트라이프 뮤직 페스티벌〉도 벌인다. 매장도 지역색을 살려 지역에 맞춘 디자인으로 설계하거나 그 지역에 오래된 독특한 건물을 그대로 사용한다. 그리고 그 지역 예술가의 작품을 매장에 전시한다. 학교를 찾아가 아이들에게 그 지역 유기농 작물과 건강한 음식을 선택하는 방법을 알려주고, 그것들로 만든 건강한 샐러드를 무료로 제공하며, 각 매장 매출의 1%를 그 지역 사회에 기부한다. 지역 주민들이 그들의 공급자가 되고, 고객이 되고, 직원이 된다. 스위트그린의 팬에게는 원하는 매장에서 10명 규모의 모임을 열 수 있도록 감동 서비스를 제공한다. 여기에 더해 스위트그린 아웃포스트outposts라는 프로그램을 통해 직장인들을 위한 배달 서비스로도 확장했다.

summary
나의 라이프스타일 비즈니스 확장하기

제안을 확장하는 일은 상대적으로 사업 시작보다 용이하다. 이미 공중에 뜬 비행기의 고도를 높이는 일이 땅에서 이륙시키는 것보다 쉽기 때문이다. MVP가 성공했고, 고객이 모이기 시작했다면 복제와 확장을 고민하는 일은 즐겁기까지 하다.

라이프스타일 비즈니스의 궁극적인 목표는 제안을 받아들인 고객의 삶 전체를 큐레이션하는 것이다. 나의 제안을 먹고, 입고, 자고, 노는 모든 것으로 확장하는 것이다. 인생 키워드와 핵심 가치라는 축에 발을 딛고 있다면 어떤 것으로도 확장 가능하다. 카페가 가구와 가전을 제안하고, 서점과 레스토랑이 화장품을 팔 수 있다. 〈교보문고〉나 〈책바〉는 서가에서 은은하게 풍기는 향의 디퓨저를 판다. 책 리뷰 유튜버가 콘텐츠에서 시작해 자신의 라이프스타일이 담긴 독서대, 독서 노트, 조명, 책장, 독서 앱, 북카페, 독립 서점으로 구독자에서의 독서 인생 점유율을 높여갈 수 있다.

그러나 이 말을 역으로 이해하면, 핵심 가치와 맞지 않는 것은 어떤 것도 불가능하다. 친환경 라이프스타일 비즈니스가 환경에 유해한 방식으로 생산된 제품을 플라스틱 포장에 담아 유통하는 식으로 확장해서는 안 된다. 객당 수익을 늘리기 위해 닥치는 대로 상품의 가짓수를 늘리는 것도 불가하다. 가치 기준 없이 유행하는 제품을 구해 빠르게 유통하는 쇼핑몰은 성공하는 비즈니스가 될 수는 있지만, 절대 라이프스타일 비즈니스가 되지 못한다. 최저가를 찾아왔다 떠나는 뜨내기 고객들은 브랜드를 기억하지도, 재방문하지도 않기 때문에 그런 비즈니스는 광고 없이 한시도 수익이 지속되지 않는다. 갑자기 흥했다가 언제 망해도 이상하지 않다. 이런 트렌드를 쫓는 한탕 사업을 고려할 수도 있지만, 이런 비즈니스는 세상이 변함에 따라 점차 지속 가능성을 잃게 되어 있다. 결국 삶의 어느 시점에 나의 인생 키워드와 라이프스타일로 빚어내는 나만의 라이프스타일 비즈니스로 돌아오게 된다.

나만의 라이프스타일 비즈니스, 돈과 효율 그 이상의 가치를 찾아서

프롤로그에서 이야기한 것처럼 책을 읽으며 무언가 적고, 찾아보고, 시도해 봤다면, 그래서 가슴속에서 무언가 꿈틀대는 것을 느꼈다면, 이 책은 소명을 다한 것입니다. 나 역시 책을 쓰면서 가슴이 뜨거워졌고, 하고 싶은 일이 생겼고, 여러 장의 모델 캔버스를 그리고, 다시 고쳐 썼답니다.

책을 덮기 전에 다음 것들은 꼭 챙겨 가기 바랍니다. 라이프스타일 비즈니스를 만드는 일이 아니더라도 살면서 공부하고, 일하고, 직업을 정하고, 투자를 하고, 반려자를 선택하고, 그리고 더 행복한 인생을 사는 데 반드시 도움이 될 것입니다(인쇄하거나 컴퓨터 프로그램에서 바로 작성할 수 있는 양식 파일은 저자의 홈페이지에 공유해 두었습니다).

● 버킷 리스트 - 적어두면 인생이 이를 이루는 방향으로 저절로 움직입니다.

● 인생 키워드 - 남들과 다른 〈나다움〉이 이 비밀 조합에 있습니다.

● 라이프스타일 비즈니스 모델 캔버스 - 한 장으로 만든 내 인생 사업 계획서입니다.

● MVP 계획 - 어디든 적용 가능한 린 방법론의 핵심입니다.

● 손익계산서 - 사업뿐만 아니라 개인 경제, 주식 투자에도 도움이 되는
  기초 지식입니다.

책을 쓰면서 그간 다녔던 해외 도시들 사진 수천 장을 다시 보게 되었습니다. 바르셀로나, 마드리드, 파리, 로마, 뮌헨, 프라하, 예루살렘, 도하, 두바이, 싱가포르, 타이베이, 홍콩, 선전, 광저우, 상하이, 청도, 선양, 블라디보스토크, 도쿄, 오사카, 교토, 나라, 삿포로, 오키나와, 하와이, 나파 밸리, 샌프란시스코, 산호세, 포틀랜드, 시애틀, 라스베이거스, 그랜드 캐니언, 보스턴, 뉴욕…. 차례대로 점을 찍으면 북반구를 촘촘히 한 바퀴 돈 셈이더군요. 바르셀로나와 캘리포니아에서는 호텔들을 전전하며 수개월을 머물기도 했습니다.

고풍스러운 유럽 거리가 내다보이는 테라스에서 에스프레소 한 잔과 맞는 바르셀로나의 상쾌한 지중해성 아침 공기(스페인에서 아메리카노를 마시는 것은 아주 어색한 행동입니다), 가도 가도 차 한 대 없이 지평선만 보이는 네바다 평원 도로에서의 낯선 공간감, 괴짜들의 도시 포틀랜드가 주는 두려움이 살짝 섞인 자유로움 같은 감상들이 다시 떠올라 여행 욕구를 자극했습니다. 라이프스타일이란 이런 미묘하지만 강렬한 느낌들을 모두 포함할진대 책에 다 담지 못한 아쉬움도 남습니다. 주제에 맞게 고르고 고르다 보니 책에는 실을 수 없는 사진도 많았고, 일 때문에 제대로 사진을 찍지 못해 아쉬운 곳도 있었습니다.

중동처럼 인구가 적거나 중국, 동유럽처럼 사람들이 먹고사느라 여유가 없는 곳에서는 라이프스타일 비즈니스를 좀처럼 찾아보기 힘들었습니다. 나름 인기 있는 곳도 돈벌이 장사라는 인상을 강하게 풍깁니다. 그래서 실

을 수 있는 사례가 별로 없었습니다. 반면에 10년, 20년 전에 사회가 포스트모더니즘으로 바뀐 유럽, 미국, 일본에는 다양한 라이프스타일을 풍성하게 지원하는 크리에이터들과 독립 매장들이 존재합니다(가 본 곳 중 유일하게 파리는 다양성이 살아있는 포스트모더니즘 사회임에도 불구하고 돈벌이 장사처라는 느낌을 지울 수가 없네요).

한국은 포스트모더니즘으로 들어선 지 이제 5년 남짓 되었을 뿐입니다. 이제 한국의 뱅크시, 한국의 빌리 아일리시, 한국의 무지, 한국의 사자비 리그 같은 포스트모더니즘 라이프스타일 비즈니스가 나타날 때가 되었습니다. 예상하자면, 매력적인 라이프스타일들이 더 다양하게 등장하고, 그런 라이프스타일을 파는 비즈니스들이 이런 현상을 더 가속할 것입니다.

로봇이나 자동차 프라모델을 조립하고 도색하는 것을 취미로 하는 지인이 있습니다. 멋지게 도색된 피규어는 페이스북에 올려 공유합니다. 그는 완성품 수집보다는 만드는 과정을 즐기는 편에 속하는데, 여기에는 꽤 많은 시간과 돈이 들어가더군요. 그래서 직장 생활을 하고 아이를 키우며 생계를 유지해야 하는 가장 입장에서 이런 취미를 얼마나 지속할 수 있을지 고민을 토로한 적도 있었습니다. 그런데 몇 년 전부터 상황이 바뀌기 시작했습니다. 팔려고 하지 않았는데도 제작 주문이 들어오기 시작한 것입니다.

빙고! 같은 걸 즐기는 사람들이 늘면 그것은 놀이나 취미에 그치지 않고 비즈니스가 됩니다. 유튜브를 보세요. 성 소수자, 페미니스트, 비혼모가 세상을 바라보는 그들의 관점과 살아가는 일상을 공유하는 것이 수십만 구독자를 거느리는 비즈니스가 됩니다. 이것이 라이프스타일 비즈니스입니다. 내가 좋아하는 것을 같이 좋아해 주는 사람들과 공유하며 행복하기에 충분한 돈을 버는 것, 프라모델을 애들이 가지고 노는 장난감으로 치부하지 않고, 독특한 성적 취향을 하나의 라이프스타일로 자연스럽게 받아들이는 세상이 되었습니다. 선진국이 이미 그러하듯, 지금 먹는 밥의 쌀을 누가 어떻게 키우고 도정했는지, 언제 로스팅한 커피 빈으로 내린 커피인지 관심을 갖고 선별하는 사람들이 사는 세상이 곧 옵니다.

기회가 될 때마다 학생들에게 좋은 대학과 좋은 직장에 들어가려고 공부에만 시간을 쓰기보다 더 많이 읽고, 더 많이 경험하고, 더 자주 실패하기를 조언합니다. 그런데 인생 키워드가 공부가 아님에도 불구하고 공부에 대한 미련을 버리지 못합니다. 아직 우리 사회가 그들에게 주는 무언의 압박 때문이겠지요. 하지만 똑똑한 소수가 세상을 더 생산적이고 효율적으로 움직이게 만드는 세상은 지나가고 있습니다. 그보다 무언가에 진정성 있는 사람들이 세상을 더 풍요롭고 행복하게 만드는 세상이 오고 있습니다. 따라서 앞으로 한국에는 공부 잘한 사람보다 이런 사람들의 수요가 높아질 것입니다. 프라모델에 영화 같은 색을 입히는 방법을 알고, 밥맛으로 쌀을 구분해 내며, 원하는 커피 맛을 블렌딩해 내는 사람들 말입니다. 공간 분위기에 딱 맞는 식물을 큐레이션하고, 세상 모든 조명에 일가견이 있고, 은은한 고서점 향기를 조향해내는 사람들이지요.

마니아가 자신만 쓸 수 있는 이야기를 만들고, 그것을 다른 마니아가 재창조합니다. 톨킨이 쓴 소설 《반지의 제왕》은 현대 판타지 세계관을 만든 걸작입니다. 그 후 수많은 소설, 영화, 게임에서 보여지는 엘프와 드워프, 오크 이미지들이 이 작품에서 처음 만들어졌지요. 영화 「반지의 제왕」 시리즈는 웅장하고 아름다운 영상미뿐만 아니라, 소설 속 장면을 제대로 영상으로 살려냈다는 극찬을 받습니다. 감독을 맡은 피터 잭슨은 그전까지 B급 공포 영화를 만들던 이름 없는 감독이었습니다. 그가 이 영화의 감독으로 발탁되고 이런 명작을 만들어 낼 수 있었던 이유는 그가 소문난 골수 톨키니스트(tolkienist : 톨킨과 그의 작품을 광적으로 좋아하는 사람들)였기 때문입니다(내신 1등급으로 서울대에 입학했기 때문이 아닙니다. 사실 피터 잭슨은 16살에 학업을 그만두고 자기 영화를 찍기 위해 한 신문사에서 그 후 7년 동안 풀타임으로 일했습니다). 하나의 세계관을 미치도록 좋아하는 사람들이 모여 또 하나의 세계를 만들어 가는 것이지요. 효율과 돈의 잣대로 다른 사람의 인생을 평가하지 마세요. 그것이 포스트모더니즘 세상이랍니다.

이런 세상에서 살아갈 여러분이 자신의 인생 키워드를 찾고, 개성이 살아있는 라이프스타일 비즈니스를 시도해 보는 행복한 순간을 가졌기를 바랍니다.

끝으로 라이프스타일 이야기로 다시 책을 쓸 수 있도록 독려해준 한스미디어에 감사의 말을 전합니다.

이 책에서 소개한 각종 양식 파일 자료는 다음의 저자 홈페이지에서 다운로드할 수 있습니다.
더라이프파트너스 홈페이지 : thelifepartners.co.kr

자신과 고객 모두가 행복해지는
나만의 라이프스타일 비즈니스를 만드는 법

당신의 라이프스타일을 사겠습니다

당신의 라이프스타일을 사겠습니다

1판 1쇄 인쇄 2022년 11월 30일
1판 1쇄 발행 2022년 12월 5일

지은이 최태원
펴낸이 김기옥

경제경영팀장 모민원
기획 편집 변호이, 박지선
마케팅 박진모
경영지원 고광현, 임민진 제작 김형식
표지 디자인 투에스 본문 디자인 디자인허브 인쇄·제본 민언프린텍

펴낸곳 한스미디어(한즈미디어(주))
주소 121-839 서울시 마포구 양화로 11길 13(서교동, 강원빌딩 5층)
전화 02-707-0337 팩스 02-707-0198 홈페이지 www.hansmedia.com
출판신고번호 제 313-2003-227호 신고일자 2003년 6월 25일

ISBN 979-11-6007-855-8 (13320)